小团队

任康磊———著

全图解
落地版

66招提升绩效

管理
心理学

人民邮电出版社

北京

图书在版编目（CIP）数据

小团队管理心理学 ：66 招提升绩效 ：全图解落地版 ／

任康磊著. -- 北京 ：人民邮电出版社，2025. -- ISBN

978-7-115-66438-9

Ⅰ. C93-051

中国国家版本馆 CIP 数据核字第 2025N72T80 号

内 容 提 要

　　本书内容涵盖团队管理过程中常见的心理学效应，以实际场景为背景，介绍团队管理者如何应用或应对这些心理学效应，从而构建起良好的团队模式，提高团队成员的工作效率，提升团队绩效。

　　本书分为 7 章，主要包括在运营决策、市场营销、员工激励、员工沟通、绩效管理、人才评价和团队发展方面常见的心理学效应。本书共包含 66 个心理学效应，详细介绍了每种心理学效应的概念、应用方法或应对策略。

　　本书采用图解的形式，内容通俗易懂，贴近实战，工具和方法丰富，适合管理者、管理咨询师、人力资源管理人员、培训工作从业者、管理类相关专业在校生以及对相关心理学效应感兴趣的其他人员。

◆ 著　　　任康磊
　　责任编辑　刘　姿
　　责任印制　彭志环
◆ 人民邮电出版社出版发行　　北京市丰台区成寿寺路 11 号
　　邮编 100164　电子邮件 315@ptpress.com.cn
　　网址 https://www.ptpress.com.cn
　　涿州市殷润文化传播有限公司印刷
◆ 开本：700×1000　1/16
　　印张：15　　　　　　　　　　2025 年 5 月第 1 版
　　字数：160 千字　　　　　　　2025 年 9 月河北第 3 次印刷

定价：69.80 元

读者服务热线：(010)81055296 印装质量热线：(010)81055316
反盗版热线：(010)81055315

有次我到一家生产智能手表的初创公司做管理辅导。这家公司的产品技术尽管已经相当先进了，但销售业绩却表现平平。公司高层决定重组销售队伍，于是提拔张三为公司的销售经理。但不久后，团队内部的冲突日益升级。

1. 过度批评

因为销售业绩不佳，张三上任后就开始批评销售团队成员的工作方法，指责他们的绩效没有达到预期。这导致团队成员的心态发生变化，他们开始怀疑自己是否适合这份工作，而不是积极寻找解决问题的方法。

2. 归因偏误

在日常会议上，张三总是将销售业绩没有达到预期归咎于销售团队成员态度不端正或能力不足，而不是询问销售团队是否遇到困难，分析可能存在的外部因素或考虑为团队成员提供达成业绩的支持。

3. 确认偏误

渐渐地，张三开始只关注那些能证明他观点的信息。例如，当某团队成员在工作上出现小失误时，张三认为这证明了该成员能力不足；但当这名团队成员在工作上做出成绩时，张三却视而不见。

这种状况持续了几个月，整个团队的士气严重降低，许多有才华的员工也在考虑离职。我发现这个状况后，对张三做了管理心理学辅导，帮助张三发现当下的问题。

庆幸的是，张三意识到自己过去的管理方法不是在解决问题，而是在新增问题。一个好的管理者应当了解自己的团队成员，知道如何激励他们，而不仅仅是批评和指责。

张三开始鼓励团队成员面对挑战。当销售业绩不佳时，他与团队成员一同分析原因，寻找解决方法。他开始不带偏见地与团队成员沟通，定期召开销售工作反馈会议，听取团队成员的建议。

团队成员重新获得信心。他们开始尝试新的销售策略，而不是一味地怀疑自己。随着团队士气的提升，销售业绩也逐渐改善，甚至超过了预期。

这次事件后，我就开始留意和收集团队管理问题。我发现团队管理问题与管理心理学有一定的关系。团队管理者如果不了解自己的心理，不了解员工的心理，不了解一些常见的心理效应，只凭个人的直觉做事，则会导致团队工作效率和绩效出现问题。

另一个案例发生在一家中型的室内设计公司。这家公司在业界有一定的知名度和美誉度，业绩稳步攀升。但在过去的一年中，项目成功率有所下降。团队中也出现了相互指责、推诿的情况。于是这家公司找我去做管理辅导。

我发现这家公司存在 4 个问题。

1. 社会对比效应

薪酬激励不透明造成员工互相攀比，影响工作产出。例如，新员工小王加入公司后，发现自己的工资相较于其他资深员工偏低。他感觉自己的付出与回报不成正比，导致他在工作中不再努力，只想着达到公司基本的要求即可。

2. 团体迎合现象

设计主管小赵注意到：每次开会要求大家提建议时，大家都不爱发言；一旦有人提出意见，大多数人都会随声附和，不再提出自己的想法，导致很多原本应该具有创新想法的项目变得平平无奇。

3. 自我效能感缺失

由于缺乏明确的反馈机制，许多团队成员感到自己的努力没有被看到，或觉得工作没有产生实际效果，工作的积极性逐渐降低。另外，某团队中的资深员工小马由于经历了连续几次项目失败，开始怀疑自己的能力，逃避复杂的任务，只做自己熟悉的部分，不想承担任何风险。

4. 团队成员同质化

公司多数成员有着相似的教育背景和项目经验，甚至连年龄也相近，好处是成员之间比较容易有共同话题，相处融洽；坏处是在面对问题时，大家的思考方式往往相似，缺乏创新和多元化的视角，而公司业务强调创新，这种情况已经影响到公司的项目交付。

经过调研、沟通和辅导，我建议这家公司采取以下行动。

（1）薪酬激励方式透明化，明确薪酬制度。个人薪酬应基于个人能力水平和创造的价值，公司可根据员工的表现和贡献给予相应的奖励，减少社会对比效应对团队氛围的影响。

（2）针对团体迎合现象，管理者应鼓励员工在会议中提出自己的看法，并为此提供一个平等、安全的环境，对提出看法的员工给予表扬或奖励。

（3）为了增强员工的自我效能感，管理者可以定期与员工进行一对一的沟通，了解员工的需求和困惑，同时提供明确的反馈机制以使员工了解自己的努力和成果，解决员工在工作上的困难。

（4）招聘时，重视人才的多样性，刻意寻求背景不同、经验不同、思考方式不同的人才，为团队带来新的视角和创意，规避团队成员同质化。

经过几个月的努力和调整，该公司业绩明显回升，公司逐渐恢复了往日的辉煌。公司的项目成果和解决方案得到了市场的高度评价，员工士气显著提升，创新能力也大大增强，大家都愿意为公司付出更多的努力。

团队管理者要管好业务，更要管好人。要管好人，就要理解人的心理。懂员工心理的团队管理者，能够更好地激励团队。团队管理者只有真正了解和关心员工，才能激发员工的潜能，帮助团队和组织走向成功。

懂管理心理学，掌握心理学效应，在团队管理中有效运用心理学效应的团队管理者能够获得如下好处。

1. 更好地应对管理员工时的困难情境

管理者了解团队成员的思维和情感驱动力，将更容易与团队成员建立情感连接，并与团队成员共情。增强同理心可以帮助管理者更好地应对管理员工时的困难情境，例如，调解员工之间的冲突或帮助员工减轻压力。

2. 增强团队凝聚力

了解心理效应，可以帮助管理者与团队成员有效沟通，提高沟通效率。通过有效的沟通，增强团队的凝聚力，建立共同的目标和价值观，加强团队成员之间的协作。

3. 提高员工能力和团队绩效

心理学知识可以帮助管理者更好地分析员工的需要、能力和潜力，提供适合员工的职业发展机会和培训，从而提高员工能力；还可以帮助管理者更好地激励员工，从而提高团队绩效。

4. 更好地进行自我管理和决策

管理者对自己的情感、动机和行为模式有深入的了解，可以在工作中表现得更加从容、自信。了解决策偏误、群体思维和其他认知偏见可以帮助管理者做出更合理、客观的决策。了解心理效应也有助于管理者在决策过程中持开放态度、拥有多元视角。

5. 营造和谐的团队氛围

通过了解团队成员的心理状态和需求，管理者能够发现成员之间潜在的沟通障碍，可以提前识别和应对潜在的冲突，从而创建一个和谐的工作环境。

管理心理学为团队管理者提供了工具和策略，能够帮助团队管理者更加高效、人性化地管理团队，提高团队绩效和员工满意度。

本书针对团队管理中与管理心理学相关的实际问题，总结了我曾经辅导各类团队管理者的成功管理案例；根据团队管理中经常出现的心理效应，总结了上手简单又方便应用的方法。为便于读者快速阅读、理解、记忆并应用，本书采用图解的形式呈现问题场景和与工作相关的应用解析。

希望读者能够学以致用，更高效地学习和工作。

本书若有不足之处，欢迎读者批评和指正。

目录

01　运营决策　　001

04　员工沟通　101

05 绩效管理 135

06 人才评价 167

07　团队发展　　195

01

运营决策

团队管理中的运营决策直接关系到团队绩效。运营决策涉及团队的整体利益，包括成本、利润、市场份额等。团队管理者需要综合考虑各种因素，做出最为有效的决策，让团队成员明确团队的目标和方向，更好地协同工作。

1.1 组建团队

妥善地组建团队可以帮助团队更好地协作，能够提高整个团队的工作效率和绩效，同时也可以帮助团队成员实现自我发展和个人成长。

团队管理者在组建团队时，可能用到的心理效应有：社会惰化效应（Social Loafing Effect）、共生效应（Symbiotic Effect）、集体意识（Collective Consciousness）和塔西陀效应（Tacitus Effect）。

1.1.1 社会惰化效应：人多不一定力量大

1 我要多招些人来扩充团队，把团队做大做强，团队里的人多了，好点子也多，会有更多的可能。

2 团队成员的数量并不是越多越好，并非人越多，团队越强，人多意味着管理成本增加，反而可能会出现"1+1<2"的效果。

3 你的意思是人多了会有人滥竽充数吗？

4 不仅如此，就算团队里全是精英，每个人都很优秀，人多了也可能无法发挥出每个人的价值，会产生巨大的资源浪费。

5 为什么会出现这种情况呢？

6 这就是社会惰化效应：团队规模与团队效能间往往呈反向变动关系。小团队的效率往往比大团队更高。

● 问题拆解 ●

俗语"人多力量大""人多好办事""众人拾柴火焰高"，虽然从结果上看是对的，但就团队中个体的效率来说却不一定是最优解。小团队中的个体效益往往比大团队中的个体效益高，相同人数的多个小团队的总体效益往往比一个大团队的效益高。

● 心理效应 ●

社会惰化效应（Social Loafing Effect），有时也叫社会懈怠、社会致弱、社会逍遥，指当个体与团队成员一起完成某件事的时候，个体的工作效率会比独自完成低的现象。社会惰化效应并不完全取决于主观意志，团队成员数量和团队规模本身也影响着个体的工作效率。

法国农业工程师马克西米利安·林格尔曼（Maximilian Ringelmann）曾在 1883 年做过一个实验：将被试者分成 1 人组、2 人组、3 人组和 8 人组，要求每组所有人尽最大努力拉绳子，然后计算单向平均拉力。

结果 1 人组拉绳子的单向平均拉力是 63 千克；2 人组拉绳子，平均每个人的单向拉力为 59 千克；3 人组拉绳子，平均每个人的单向拉力为 53 千克；8 人组拉绳子，平均每个人的单向拉力为 32 千克。

人数增加后，集体力量并不等于个体力量总和，出现了"1+1<2"的效果。这也是为什么经典管理学认为管理者的管理范围不宜大于 8 人，以 3~5 人为宜。

● 避免社会惰化效应的 4 个要点

与其做大团队，不如做小团队。单个团队的规模越小，团队中每个成员的工作效率可能越高。把大团队拆分成有不同任务目标的小团队，往往能提升大团队的工作效率与工作效果。

共同的目标能够促进团队形成统一的整体，有助于团队成员把劲儿往一处使。每个团队成员若清楚目标，就能主动自发地调节行为，做出有利于团队的动作。

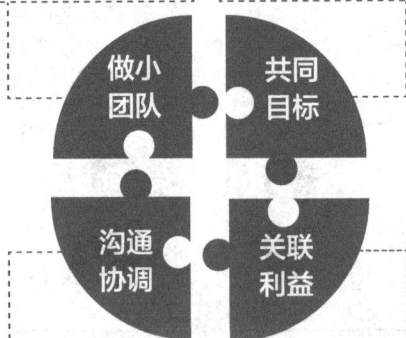

很多人觉得管理要进行大量沟通、长时间沟通，实际上沟通的数量并不是关键，沟通质量才是关键。沟通协调的目的是减少无效和多余的动作，强化工作目标，保障工作效率。

人们会主动做对自己有利的事，如果团队目标与团队成员个人利益密切关联，同时团队能做到公平公正地按贡献分配利益，就更容易激发团队成员的积极性和创造力。

基于社会惰化效应
团队管理者的 6 点注意事项

职责与任务 — 明确每个团队成员的职责和任务，避免职责与任务重叠或产生漏洞。

团队目标与绩效标准 — 建立明确的团队目标和绩效标准，以提高成员的责任感和使其自我激励。

支持与协作 — 强调团队成员的互相支持性和合作性，鼓励成员之间相互支持和协作。

反馈及时 — 及时反馈成员的工作表现和成果，给予积极的认可和奖励，有助于成员持续投入工作。

自主创新 — 让成员有充分的自由去尝试新方法和策略，鼓励成员创新，增强成员的自主性。

技能提升 — 积极培养团队成员的个人能力，提高其在团队中的价值和贡献，增强团队整体的竞争力。

小贴士

尽管个人能力对团队的成功至关重要，但强大的团队更需要内部协作和团队精神，而不仅仅是个人能力。要提高组织能力，减少社会惰化效应，团队管理者就要保证团队内部有效沟通和交流，及时发现并解决团队内部的问题和矛盾，保持团队的凝聚力。

1.1.2 共生效应：构建人才生态系统

1 听别人说，技术团队就应该由性格内向的研究型人才组成，销售团队就应该由性格外向的社交型人才组成。

2 某个团队中全是某种类型的人才，就像生态系统中全是某一物种的生物，这是不利于团队发展的。

3 听起来好像有道理，这是什么原理呢？

4 这叫共生效应，在组建团队和商业经营中比较常用。

5 可技术团队更需要懂技术的人才，难道我要招很多不懂技术的人吗？

6 当然不是这个意思。管理者首先要明确团队的必备能力，团队成员的必备能力可以相同，除必备能力外的性格、知识储备、其他能力、经验可以多元化。

● **问题拆解** ●

　　团队中人才间的互补关系就像生态系统中生物间的互补关系。稳定和谐的生态系统具有生物多样性的特点，不同生物在生态系统中扮演着不同的角色，同样，优秀团队往往也并非只有单一类型的人才。

心理效应

共生效应（Symbiotic Effect）最早是由德国真菌学家安东·德·巴里（Anton De Bary）提出的，原指生态系统中不同物种间相互协作，和谐共存，形成命运共同体，让自身得以更好生存的现象。

共生效应一开始只是个生物学概念，后来逐渐延伸到心理学、管理学、哲学等领域。人与人之间、人与自然之间，都受共生效应的影响，就连商业上的竞争对手间，也并非只有竞争关系，加强合作，共同发展，做大整个行业的蛋糕，彼此都能获得更多利益。

在团队管理中，有效利用共生效应能够扩大团队的边界，实现团队的多元化，强化团队的效能，产生"1+1 > 2"的效果。

共生效应的 5 种应用

团队中人才的多样化就像生态系统中生物的多样化，当团队中人才具有多元化时，成员能力可以互补，团队的边界能够扩大。

团队中成员间的智慧和思想可以相互碰撞、彼此影响，多元的思想有利于激发成员活力，不断学习，开拓创新。

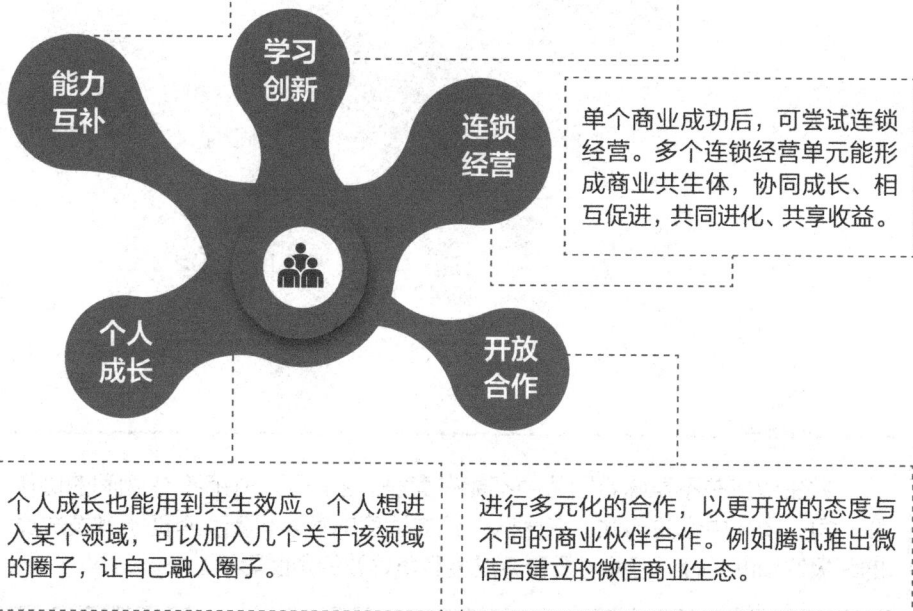

单个商业成功后，可尝试连锁经营。多个连锁经营单元能形成商业共生体，协同成长、相互促进、共同进化、共享收益。

能力互补　学习创新　连锁经营　个人成长　开放合作

个人成长也能用到共生效应。个人想进入某个领域，可以加入几个关于该领域的圈子，让自己融入圈子。

进行多元化的合作，以更开放的态度与不同的商业伙伴合作。例如腾讯推出微信后建立的微信商业生态。

基于共生效应
团队管理者的 6 点注意事项

了解特点	充分了解每个成员的技能、兴趣，以便为他们分配合适的任务，发挥他们的长处。

确定目标	营造积极的工作氛围，确定团队目标。

协作互动	鼓励团队成员相互交流和分享信息、经验和资源，鼓励团队成员相互协作。

确保资源均衡	确保团队内部资源均衡，并且保证在成员使用资源时做到公平、公正、合理。

监控绩效	监控团队整体绩效，及时发现问题，调整团队策略。

共享成果	增加和提高团队成员之间的信任和共识，让成员可以基于价值和贡献共享团队的绩效成果。

• 小贴士 •

共生效应并不意味着团队中不能有竞争。生态系统中存在生物间的协作和竞争，团队中也是如此。在团队中建立适度的竞争机制，有助于激发成员的积极性和进取心，但同时要避免过度竞争导致的负面影响。

1.1.3 集体意识：实现上下一条心

1 集体能靠金钱和情感留住员工吗？

2 当然可以，事实上当员工认可某个集体时，不会轻易离开该集体。

3 怎么让员工认可集体呢？

4 平时要注意培养员工的集体意识，让员工的责任感和归属感自然而然地形成。

5 集体意识有这么神奇吗？

6 人类是群居动物，有融入集体的需求。个人若长期在某个组织中，则易于接受该组织的规则，使其变成自己思想的一部分。

● 问题拆解 ●

人的态度能够被其所在的集体所影响，这种影响很多时候并不是明显的、剧烈的、令人抗拒的，而是潜移默化的。这种影响可能会让工作态度消极的员工变得积极，让原本不考虑周围人感受的员工变得在乎别人的感受，让原本责任感不足的员工变得有责任感。

● **心理效应** ●

　　集体意识（Collective Consciousness）指的是集体成员对集体信念、价值观、目标或规范等的共同认知。集体成员在多数情况下视集体利益优先于个人利益，表现出集体荣誉感与责任感。

　　与其说集体意识是全体成员的一种显意识，不如说是一种潜意识，是一种在知觉范围之外的认识，是集体成员在集体中长期认同或接受某些观点，长期从事某些行为形成的潜移默化的结果。

　　组织能力强、运转效率高的团队往往有较强的集体意识。培养团队成员的集体意识，有利于打造出优秀的团队。

● **培养集体意识的 4 个关键** ●

情感是团队各成员间的纽带。团队管理者不仅要付出情感，还要为员工提供足够的情感交流的机会。

当团队有共同目标，员工个人目标和利益与集体目标和利益联系在一起时，员工更愿意从集体出发去思考问题。

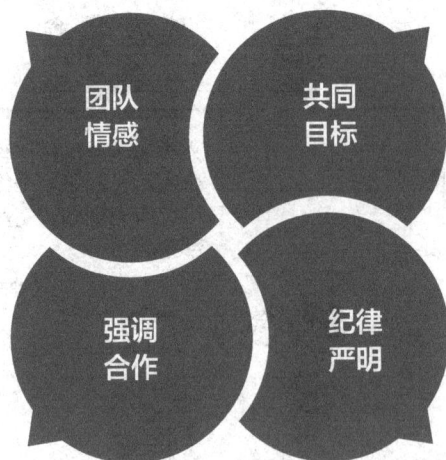

团队
情感

共同
目标

强调
合作

纪律
严明

不论是从工作流程上，还是从思想意识上，管理者都应持续强调团队成员间的合作，让团队成员意识到集体力量的强大。

作风好、执行力强的团队不仅有规范完善的制度，还能将制度坚决地贯彻落实。捍卫团队纪律就是在培养集体意识。

基于集体意识
团队管理者的 6 点注意事项

授权与参与　给员工授权，让员工参与团队决策，培养员工的大局观念和全局意识，提高员工的积极主动性，培养团队精神。

有效沟通　有效的沟通有助于员工正确理解管理者观念，能够化解团队中的矛盾和分歧，减少内耗，把团队拧成一股绳。

建立信任　信任是建立共同价值观的重要元素。团队成员彼此信任才能强化集体意识。培养集体意识的过程中，确保凝聚力和归属感存在十分关键。

尊重与包容　一个团队必须尊重和包容不同类型或风格的人才，建立宽容的团队文化。

责任感和归属感　培养团队成员的责任感和归属感，确保团队成员清楚自己的职责和团队对他们的期望，让他们感受到自己对团队的重要性和价值。

成长与发展　关注成员的成长和发展，提供持续的培训和发展机会，帮助团队成员提升技能水平和专业素养，实现个人和团队共同成长。

小贴士

　　培养集体意识是团队管理者在组建团队时不可忽视的步骤。团队管理者应引导团队成员持续且有意识地交流，并确保信息在团队内自由流动。只有全员积极互动，团队成员之间才能产生意识上的共通性，才能培养集体意识。

1.1.4 塔西陀效应：塑造公信力

1 我曾经向团队里的张三承诺调整其工作岗位，还承诺让他外出带薪学习，后来因为太忙，我把这两件事给忘了，张三对此意见很大。

2 那你是不是应该给张三道个歉，并兑现当初的承诺呢？

3 忘了就忘了吧，现在已经不具备给张三调整工作岗位的条件了，再说张三的工作状态越来越差，我更不想理他。

4 你说张三工作状态越来越差，会不会是因为你没有履行承诺，从此不再信任你了呢？

5 有可能吧，可我平时挺关心张三的，也做了不少为他着想的事，难道他都看不见吗？

6 根据塔西陀效应，一个人一旦失去他人的信任，在他人眼里这个人做什么都是错的，其一切行为都可能被解读为是负面的。

● **问题拆解** ●

"狼来了"的故事告诉我们，当人多次被某人欺骗时，就再也不信任这个人了，之后不论这个人说什么，都会被认为在撒谎。公信力是团队管理者的宝贵财富，要靠努力获取，一旦丢失，很难再获取。

● 心理效应 ●

塔西陀效应（Tacitus Effect）指的是当一个人失去公信力的时候，不论其说的是真话还是假话，都会被认为是假话，不论其做的是好事还是坏事，都会被认为是坏事。

普布利乌斯·科尔涅利乌斯·塔西陀（Publius Cornelius Tacitus）是古罗马时代一位著名的历史学家、文学家和演说家，他强调历史对后代的教育意义。

塔西陀曾经在自己的著作中说：罗马皇帝尼禄死后，继任的新皇帝迦尔巴下令捕杀了一个制造叛乱的将领和一个可能发动叛乱的将领。而那位可能发动叛乱的将领（卡皮托）在捕杀命令下达前就已经被处决了。很多人认为卡皮托并无叛乱的野心，因此对迦尔巴的做法不满。

塔西陀总结：这两次处决的反响很不好，一旦皇帝成了人们憎恨的对象，他做好事同样会引起人们的厌恶。

避免塔西陀效应的 4 个要点

团队管理者要诚信，与人为善，用善意去激发善意。

团队管理者要注意自己的言行，不说大话，不浮夸。

做人坦荡

做事严谨

信息公开

言出必行

团队管理者要向团队成员公开信息，做到信息透明，让团队成员了解每个决策的形成过程。

团队管理者要言而有信、言出必行，不确定的话不说，说的话必做，以增强公信力。

基于塔西陀效应
团队管理者的 6 点注意事项

及时归档

确保所有文件和记录都被妥善存储，以便将来参考，避免遗忘和扭曲过去事件。

及时记录

及时记录各种会议、沟通和协作的重要事项，并尽量记录背景和相关细节，避免扭曲过去事件。

信息公开

鼓励信息公开，有助于每个成员看到事情全貌，避免误解，避免出现认知冲突。

客观管理

在处理团队内的矛盾或冲突时，团队管理者要耐心倾听各方的表述，并根据事实、逻辑、数据等了解真相，避免偏听偏信。

强调成员的参与

团队管理者要鼓励团队成员参与决策过程，尊重他们的意见和建议，关心团队成员的成长和发展。

反馈机制

确保团队成员有渠道向团队管理者反馈意见，团队管理者也要积极地响应并加以解决。这可以降低事件对团队产生负面影响的风险。

● 小贴士 ●

当团队管理者发现自己失去公信力时，要向团队成员解释情况，承认自己在过去决策或行为中的错误，并表示愿意改正；另外要对自己的行为和决策进行反思，找出问题所在，然后加以改正；展示出自己努力改正的决心，以实际行动来证明自己值得信任。

1.2　分析问题

　　分析问题可以帮助团队管理者和团队成员找出问题产生的根本原因，确定解决问题的方法和策略，从而制定可行的计划，彻底地解决问题。

　　团队管理者在分析问题时可能用到的心理效应包括乐队花车效应（Bandwagon Effect）、酝酿效应（Brewing Effect）和可得性偏差（Availability Bias）。

1.2.1 乐队花车效应：少数派的意见反而可能是对的

1 我的意见常和团队成员的意见不一致，在群体意见投票时，我也常属于少数派。我是不是有什么问题？

2 少数派的意见不一定是错的，多数派的意见也不一定是对的。

3 我虽然也这么想，但常常不敢落实行动。当和周围人的判断不一样时，我常常不敢相信自己的判断。

4 你这是陷入了乐队花车效应，我们虽然不需要刻意保持特立独行，但也不能不假思索地被别人牵着鼻子走。

5 那当我和别人的判断不一样的时候，我应如何坚持自我呢？

6 你可以分析别人为什么做出了和你不同的判断，同时分析别人是否也掌握你做出这个判断所依据的信息。

● **问题拆解** ●

　　有的人总是倾向于不经思考地随大流，倾向于让自己看起来和大多数人一样，相信大多数人相信的观念，做大多数人做的事。当自己和大多数人不一样的时候，倾向于怀疑自己，认为自己错了，而不是大多数人错了。

● 心理效应 ●

乐队花车效应（Bandwagon Effect）也叫从众效应，指的是个体会受到来自群体的压力，为了不被群体孤立，个体会改变自己的判断、观点或言行，让自己与群体趋于一致。

许多国家或地区在重要的日子里有花车巡游的习俗，众多花车中通常有搭载着乐队的花车。人们跟着搭载乐队的花车走或者干脆上这辆车，这样就能持续享受音乐。在英文中，有"jumping on the bandwagon"（跳上乐队花车）的说法，这通常形容"随大流""跟随流行""进入主流"。

1952年，美国社会心理学家所罗门·阿施（Solomon Asch）通过实验证明了人们具有从众心理。

积极的乐队花车效应能提高团队行为的一致性，有助于提高团队凝聚力，但消极的乐队花车效应则可能影响团队管理者的分析判断。

避免乐队花车效应的 4 个关键点

乐队花车效应源于人们思想不坚定，缺乏原则或信念，没有明确的是非观。避免乐队花车效应，应坚定思想、树立原则、确立信念、明确是非。

有的人随大流是因为不懂拒绝。我们没必要因为自己和周围人不一样就感到恐慌，应学会视情况拒绝，不要为难自己。

做分析和判断时，要尊重事实、尊重数据，站在客观的角度得出结论，而不是只依靠主观感受做判断。

个体与群体的判断不一致，可能是因为双方的三观、认知水平不同，还可能是因为双方掌握的信息不同。共享分析和判断需要的所有信息，有助于双方达成共识。

思想坚定　　敢于说"不"　　尊重事实　　信息共享

乐队花车效应的 4 种应用

做文案设计时，加入类似于"许多人都在购买、使用、推荐我们的产品""许多人接受、满意我们的服务"的文案，有助于促进销售。例如，"每 10 个专家中，就有 9 个在推荐我们的产品"或"有 99% 的人给我们的服务打满分"。

做营销宣传时，刻意营造人气，营造一种"很多人都在用、都在抢、都在看"的氛围，吸引更多人的目光。例如街边往往是排队的人越多的店越有人排队，观看人数越多的直播间，就越有人看。

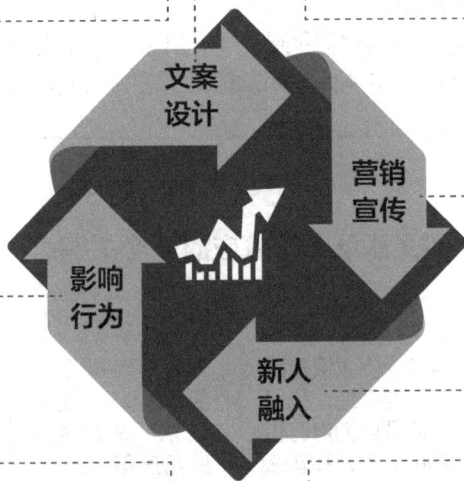

文案设计

营销宣传

影响行为

新人融入

群体行为能够影响个体行为。当团队中的群体行为呈现出某种优良的共性特质时，无论是新加入的团队成员，还是已经在团队中但不具备这种优良特质的老成员，都有可能受此影响而做出团队期望看到的行为。

团队成员彼此信任，相互帮助，形成良好的团队凝聚力和团队文化，不仅有助于新加入的团队成员快速融入团队，而且能使其快速成为团队需要的人才，养成良好的职业素养。

小贴士

剧场里，有人鼓掌喝彩往往能带动其他人鼓掌喝彩，有人哄堂大笑往往能带动其他人哄堂大笑，有人喧闹起哄往往能带动其他人喧闹起哄。因此，在团队管理中，可以先让一部分人持续做出团队期望的行为，然后这部分人便可以带动其他人做出类似行为。

1.2.2　酝酿效应：先停一下再解决难题

1 我发现我们团队在做决策时，有时总是急于求成，结果往往不尽如人意。这是为什么呢？

2 这可能是因为你没有给大家足够的时间来思考和讨论问题，以至于潜在的好点子没有被充分发掘。

3 可我们有时候会花很长时间讨论，却反而进入死胡同，最后仍然无法得到好的结果。

4 面对这种情况，也许你可以暂时中断讨论，给大家留些时间和空间，过后再来讨论这件事，这叫酝酿效应。

5 太快决策不行，太慢决策也不行，我该如何把握决策讨论的时间呢？

6 你可以根据决策事项的重要性或紧急程度，给决策讨论的时间设定上限和下限，确保团队在有限的时间内做出决策。

● **问题拆解** ●

　　"酒越陈越香，茶越久越醇。"往往只有经过充分的思考和探讨，才能够形成更加全面、合理的决策方案。但这不代表长时间聚焦在某件事上就能得到好结果，有时候稍微停一下，放松一下，再回到主题，有助于解决问题。

● 心理效应 ●

酝酿效应（Brewing Effect）指的是当人们反复思考一个问题而得不到结果时，把注意力暂时移开，经过一段时间的酝酿后再回过头来思考这个问题，反而能够得到想要的结果。

酝酿效应的应用可以追溯到古希腊。当时的国王耶罗（Hiero）曾委托一位工匠制作一顶金皇冠。皇冠制作完成后，国王怀疑工匠可能对黄金掺假，于是他找到了阿基米德（Archimedes），希望他能找到一种不损坏皇冠的方法来确认其成分。

阿基米德思考再三，仍无法找到解决方法。一天，当阿基米德进入浴缸准备沐浴时，他发现水位随着他的身体浸入水中而上升。这时，他灵感突现，意识到可以通过浮力原理来解决这个难题。

德国化学家弗里德里希·克库勒（Friedrich Kekule）发现苯分子结构的过程也是酝酿效应的体现。

● 为什么会出现酝酿效应 ●

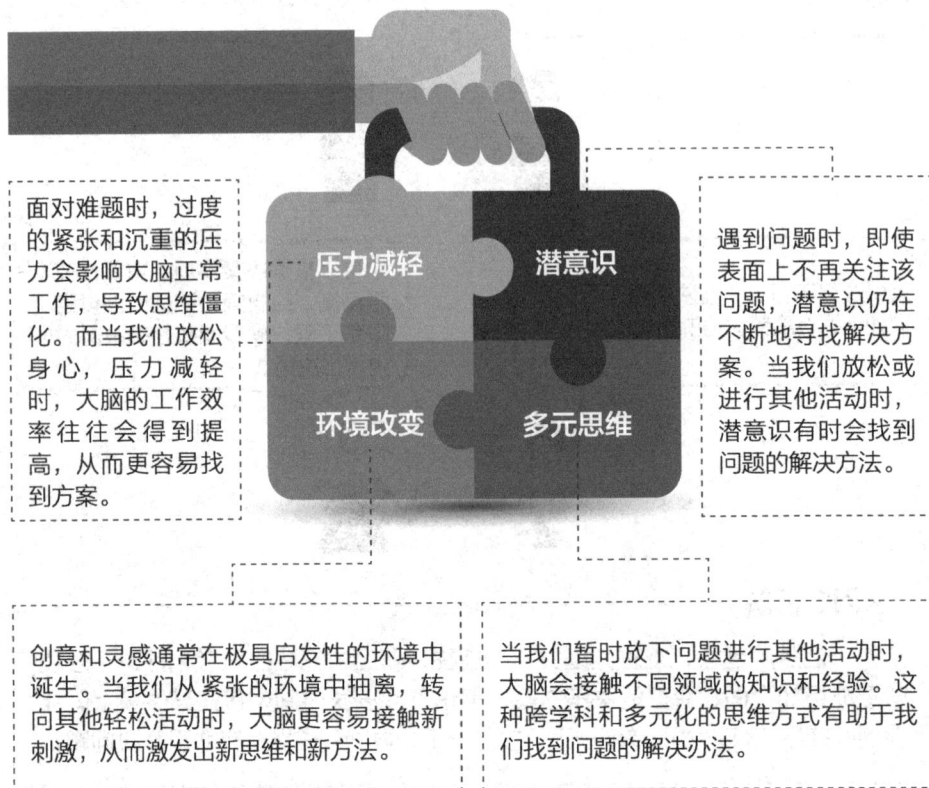

面对难题时，过度的紧张和沉重的压力会影响大脑正常工作，导致思维僵化。而当我们放松身心，压力减轻时，大脑的工作效率往往会得到提高，从而更容易找到方案。

压力减轻

潜意识

环境改变

多元思维

遇到问题时，即使表面上不再关注该问题，潜意识仍在不断地寻找解决方案。当我们放松或进行其他活动时，潜意识有时会找到问题的解决方法。

创意和灵感通常在极具启发性的环境中诞生。当我们从紧张的环境中抽离，转向其他轻松活动时，大脑更容易接触新刺激，从而激发出新思维和新方法。

当我们暂时放下问题进行其他活动时，大脑会接触不同领域的知识和经验。这种跨学科和多元化的思维方式有助于我们找到问题的解决办法。

基于酝酿效应
团队管理者的 6 点注意事项

思考空间

不要急于求成，给自己或团队一些时间和空间来思考问题。可以将问题放在一边，做些其他的事情，让大脑有时间放松，直到感到准备好了再回到这个问题上。

寻找信息或灵感

通过阅读、搜索或与别人交流，寻找与待解决问题有关的信息或灵感，以帮助我们更好地理解并解决问题。

创造环境

尽可能创造一个安静、舒适并且没有干扰的环境，这样有助于思考问题，同时也可以让我们更好地享受思考过程。

不断试错

要想解决一个问题，就不要怕犯错误。通过不断地尝试，我们可能会发现自己的想法更加清晰，并且能够找到解决问题的方法。

休息放松

适时休息和放松，如进行短暂的休息、散步或进行轻松的社交活动。这有助于从紧张的状态中跳出来，以更积极的心态面对问题。

分享讨论

鼓励团队成员分享他们的灵感或想法，提倡团队内部讨论。这种互动有助于激发创新思维，找到问题的最佳解决方案。

● 小贴士 ●

需要注意的是，酝酿效应虽有助于解决问题，但过度讨论可能会导致决策迟缓，影响团队执行效率。团队管理者在应用酝酿效应时需要注意平衡讨论与实践的关系，避免陷入过度分析的陷阱。当问题悬而未决时，可以通过提高团队成员的参与度、鼓励多样性和营造轻松氛围等方法来改善团队氛围和提升决策效果。

1.2.3 可得性偏差：避免过分依赖容易获得的信息

1 员工离职都是因为薪酬不够，只要工资给够了，员工离职率自然就降下来了。

2 你是根据什么做出了这种判断的呢？

3 因为我团队里最近有个员工离职了，离职的原因是他觉得薪酬低，他到竞争对手那里工作了。

4 你团队里的员工离职都是因为薪酬低吗？你做过员工离职原因调查吗？

5 这个嘛……没有，我好像有些偏执了。可能近期离职的员工对我的影响有点大。

6 这就是可得性偏差，你过度依赖容易获得的信息，而忽略了全部信息，从而影响了判断的质量。

●问题拆解●

团队管理者若过分依赖已知的、熟悉的、近期获知的和容易获得的信息则可能导致其忽略其他重要信息，从而做出错误的判断，影响决策质量。

• 心理效应 •

可得性偏差（Availability Bias）也被称为易得性偏差或易得性偏见，是一种认知偏差，指的是人们在做判断或分析时，更容易受到自己已知的信息的影响。

可得性偏差的提出人是诺贝尔经济学奖获得者、心理学家、经济学家丹尼尔·卡内曼（Daniel Kahneman）和著名心理学家、行为学家阿莫斯·特沃斯基（Amos Tversky）。

有时人们更可能依据自己熟悉和容易回忆起的事情、观点或情境来做出判断，而没有考虑所有可能存在的信息，因此可得性偏差可能导致不合理的决策。

例如，如果一个人经常听到关于火车事故的新闻报道，则可能会认为乘坐火车是危险的。但实际上，火车事故发生的概率比汽车等其他交通工具低得多。

团队管理者要注意避免可得性偏差，在做决策时应采用科学客观的方式获取和分析所有信息。

• 可得性偏差对团队管理的 4 种影响 •

决策质量降低	可得性偏差可能导致决策过于片面，从而影响决策的质量。
风险增加	如果某类可得性信息被过分重视，则可能会增加人们的风险偏好出现概率。
片面评价人才	仅凭已知的片面信息评价人才可能使评价结果不客观，影响管理者对人才整体的评价。
判断错误	管理者收集和筛选信息时可能陷入可得性偏差，从而对问题的严重性和优先级做出错误判断。

避免可得性偏差的 4 个关键点

尽量全面地了解和收集所有与问题有关的信息，并考虑多方面的因素，寻找可靠数据，切忌凭直觉做分析。充分收集数据和背景知识以确保没有偏见。

对重要的分析和决策应当持慎重态度，应尽量保证分析和决策可以被多方审查，以消除主观影响。多寻求同事的帮助，并建立适当的审核程序，鼓励团队成员提出不同的观点，以便发现潜在的可得性偏差。

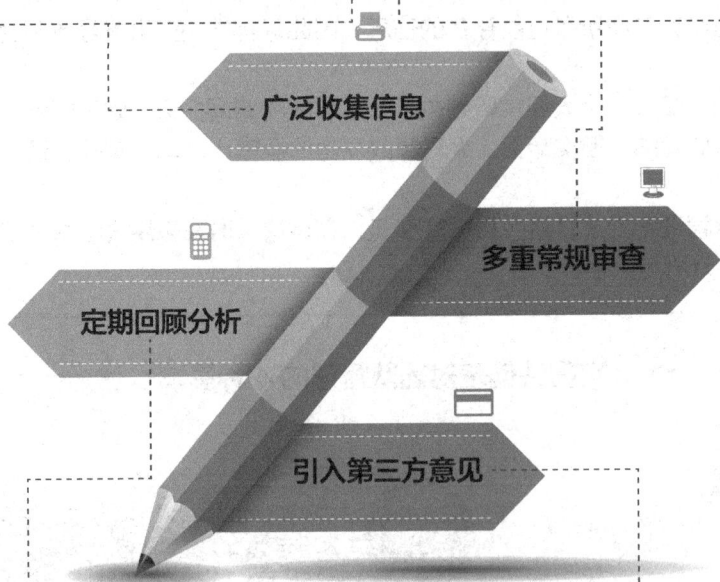

广泛收集信息

多重常规审查

定期回顾分析

引入第三方意见

定期组织培训，提高团队意识。定期回顾过往分析和决策过程，检查是否存在可得性偏差，评估其中存在的问题，从中学习经验。

遇到关键分析和决策，可邀请第三方专家提供意见。通过与不同层次的第三方专家交流沟通，了解其观点和看法，获得全面信息。在专业的第三方专家帮助下，获得多元化的视角与增强理解能力，以减少可得性偏差的影响。

● **小贴士** ●

团队管理者应养成自我反省的习惯，定期反思自己的决策过程，并时不时地问自己"为什么""真是这样吗""这个答案是否过于简单"等问题。这有助于减少团队管理者被个人经验所误导而产生的偏见。

1.3 制定决策

　　决策可以帮助团队管理者明确团队的方向和目标，让团队成员知道需要朝着哪个方向努力；可以帮助团队找到解决问题的最佳方法；可以帮助团队提高工作效率，更加高效地完成工作任务。

　　团队管理者在决策时可能用到的心理效应包括虚假同感偏差（False Consensus Bias）、鸟笼效应（Birdcage Effect）和锚定效应（Anchoring Effect）。

1.3.1 虚假同感偏差：你认同的事，别人不一定认同

1 我们决策效率低可能是因为大家的思想不同步，一人一个想法，很难统一。

2 人与人的思想本来就不是天然相通的，所以才需要沟通、交流、讨论或协商。

3 一说起讨论我就来气。我团队里有些人真让人难以理解，讨论时很多事明明是约定俗成的，他们却要和我吵半天。

4 正常，那些你认为的理所当然的事情，在别人看来也许是不可理喻的。

5 可我也不偏执啊，我说的很多事大多数人也都是这么想的，为什么偏偏我团队里的人不这么想呢？

6 你这是陷入了虚假同感偏差，你坚定不移相信的，别人也许并不认同。

● **问题拆解** ●

你喜欢的东西，别人不一定喜欢；你认同的观点，别人不一定认同。有的人会觉得别人的想法和自己的一样，这其实是一种错觉。

● 心理效应 ●

虚假同感偏差（False Consensus Bias）也叫虚假一致性偏差，指的是人们常常会觉得别人和自己在很多方面是类似或相同的，会认为别人的某些认知、信念、观点、知识、选择等与自己一样。

1977年，斯坦福大学的社会心理学教授李·罗斯（Lee Ross）进行了两项实证研究，证明了人们存在虚假同感偏差。

自己欣赏的球队，以为别人也欣赏；自己喜欢看的电影，以为别人也喜欢看；自己赞同的观点，以为别人也赞同。

假如没有虚假同感偏差，人们会认为自己想的和周围人完全不一样，自己成了异类，这显然无助于人们融入群体。

团队管理者在分析、决策时，要避免虚假同感偏差导致的误判，要辨明自己的想法是否具有客观上的普遍性。

● 避免虚假同感偏差的 4 个关键点 ●

不要代替别人做决定，不要把自己的想法强加给别人，不要试图用自己的情绪去影响别人。

如果我们只活在自己的世界中，就容易局限于自己的思想中，无法体会别人的感受。我们应换位思考，为别人着想。

尊重
别人　→　换位
思考

多元
反馈　←　自我
反省

鼓励团队成员提供不同的观点，并寻求广泛的反馈意见。这有助于降低虚假同感偏差带来的误判风险，并推动决策。

定期审视自己，思考过去的行为、决策和经历。分析这些事件中的成败，借此深入了解自己、认识自己。

基于虚假同感偏差
团队管理者的 5 点注意事项

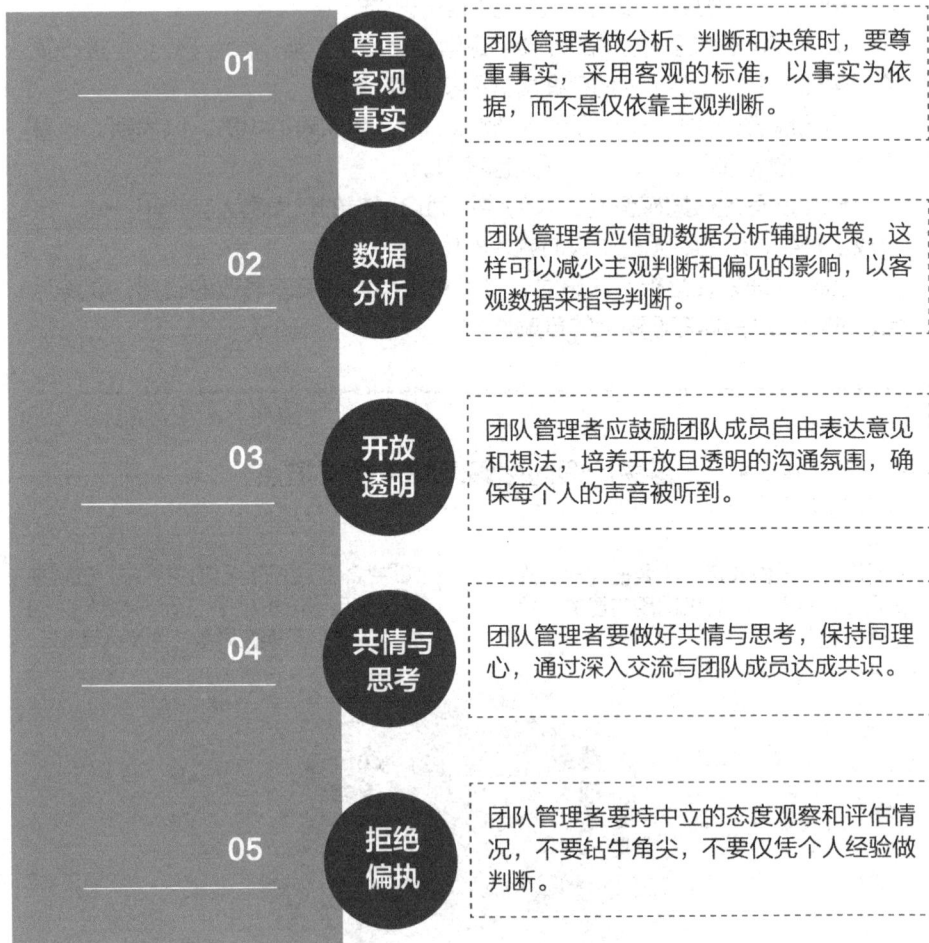

01	尊重客观事实	团队管理者做分析、判断和决策时，要尊重事实，采用客观的标准，以事实为依据，而不是仅依靠主观判断。
02	数据分析	团队管理者应借助数据分析辅助决策，这样可以减少主观判断和偏见的影响，以客观数据来指导判断。
03	开放透明	团队管理者应鼓励团队成员自由表达意见和想法，培养开放且透明的沟通氛围，确保每个人的声音被听到。
04	共情与思考	团队管理者要做好共情与思考，保持同理心，通过深入交流与团队成员达成共识。
05	拒绝偏执	团队管理者要持中立的态度观察和评估情况，不要钻牛角尖，不要仅凭个人经验做判断。

● 小贴士 ●

　　团队管理者需要清楚虚假同感偏差是如何发生的，要学会识别它。了解并认识到虚假同感偏差的存在，是避免这种偏差带来的负面影响的关键。虚假同感偏差的主要成因是人的主观性，所以尽可能让自己保持理性客观，正是减少虚假同感偏差带来的负面影响的有效措施。

1.3.2 鸟笼效应：避免惯性思维

1 我们以前做了 A 事件，就能得到 B 成果，如今这套商业逻辑怎么不管用了？是不是市场出了什么问题？

2 市场永远是对的，错的是我们不懂得如何顺应市场。

3 可为什么以前成立的事情如今却不成立了呢？

4 你这是陷入了鸟笼效应，惯性思维容易让人变得墨守成规、顽固不化。

5 我要怎么打破鸟笼效应呢？

6 独立思考，学会变通，敢于突破传统观念，勇于尝试。

● 问题拆解 ●

当人们陷入某种思维定式的时候，会通过惯性思维来做出判断，这时有可能会做出错误的判断。因此尝试用逻辑思维、反向思维取代惯性思维，从客观角度思考问题，能发现一片新天地。

● **心理效应** ●

鸟笼效应（Birdcage Effect）源于美国心理学之父威廉·詹姆斯（William James）。1907 年，詹姆斯从哈佛大学退休，跟同时退休的好友卡尔森打赌，说他不久就能让卡尔森养上一只鸟。

卡尔森不信，说自己从来没打算养鸟。不久后到了卡尔森的生日，詹姆斯送了他一个精致的鸟笼。卡尔森觉得鸟笼挺好看，就把它当工艺品摆在书房。

之后来拜访的客人总会不约而同地问卡尔森鸟是否死亡的问题，卡尔森一次又一次地向客人解释自己从没养过鸟，却总是换来客人困惑的神情。无奈之下，卡尔森只能买一只鸟养在笼子里，因为买一只鸟比向别人解释为什么不养鸟却有鸟笼要简单得多。

鸟笼总是要和鸟联系在一起，这就是鸟笼效应。鸟笼效应是一种惯性思维。当人们习惯于按照固定的思路、方法或模式去思考和解决问题时，往往不愿或不能跳出这种固定的思维框架。

● **团队中鸟笼效应常见的 4 个表现** ●

抗拒改变

团队成员可能因惯性思维而抵触新的想法、方法或流程，即使这些改变可能带来更好的结果。

缺乏创新

在惯性思维的影响下，团队可能陷入重复性的工作模式，缺乏创新精神和尝试新事物的勇气。

决策僵化

决策过程可能变得过于依赖过去的经验和做法，导致在面对新问题时无法灵活调整策略。

沟通障碍

团队成员可能因思维模式的差异而产生沟通障碍，难以理解和接受不同的观点和意见。

避免鸟笼效应的 4 个关键点

打破惯性

突破思维惯性，获得进步。

保持理性

时刻保持理性和独立思考。

制定并执行计划

做事前根据目标制定好行动计划，并严格按照行动计划执行。不要因周围事物影响而改变行动。

鼓励创新

鸟笼效应限制想象力和创造力，而鼓励创新能打破惯性思维。管理者可以鼓励成员提出新想法，并提供支持和反馈。

● 小贴士 ●

共生效应有助于人们打破鸟笼效应。在团队中引入不同类型的人才，进行不同角度的思考，能够让团队中的思想更多元化。因此，团队管理者可以招聘那些具有不同工作经历、技能和教育背景的人员来丰富团队，带来新观点。

1.3.3 锚定效应：先入为主，以偏概全

① 我们当前对某产品的定价是 X 元，毛利率达到了 Y%，我觉得这个定价和毛利率比较合理。

② 据我所知这种产品的定价和毛利率还有优化的空间，你了解过整个行业的情况吗？

③ 没有了解过，我只知道一个同行的数据。

④ 这样只能将自身情况和该同行做比较，怎么能就此判断当前的定价和毛利率比较合理呢？

⑤ 这么说起来，我的想法确实不太妥当。

⑥ 你这是陷入了锚定效应，先入为主，以偏概全。

● 问题拆解 ●

　　张三买了一个马克杯，花了 20 元。桌上有一个马克杯。你猜这个马克杯多少钱？绝大多数人在猜测价格的时候，会以 20 元为锚，猜一个与 20 元相差不多的价格。但实际上桌上马克杯的价格可能远远超过 20 元，也可能远远低于 20 元。

● 心理效应 ●

锚定效应（Anchoring Effect）指的是人们在做决策或判断时，很容易受第一次接收到的信息的影响。如果思想是一艘船，这个信息会像沉入海底的锚一样把思想固定在某处。

丹尼尔·卡内曼（Daniel Kahneman）和阿莫斯·特沃斯基（Amos Tversky）在 1973 年提出了锚定效应，指出人们很容易因为那些显著的、难忘的证据而产生对世界的认识，并在 1974 年通过一系列事实证明了这一效应。

人们在做决策时，很容易陷入锚定效应，不自觉地对最初的信息或已知的信息给予过多的重视，并将其作为参考而得出某种结论。

● 锚定效应在团队管理中的 4 点应用 ●

设定目标和期望

在设定团队目标和期望时，管理者可以利用锚定效应，将目标和期望设定在一个比较高的水平，以激励团队成员尽力完成任务。

确定工资报酬

在确定团队成员的工资报酬时，管理者可以利用锚定效应，可以设定一个薪资待遇的平均值，让团队成员以该薪资待遇水平为期望。

谈判或协商

在进行谈判或协商时，管理者可以利用锚定效应，先提出一个很高或很低的价格，再通过逐步调整来得到自己想要的结果。

树立标杆

在评估绩效时，管理者可以先选择一个比较优秀的成员公开评价其成绩，让其他团队成员以此为标杆效仿学习。

基于锚定效应团队管理者的
5 点注意事项

决策和判断前，多收集一些信息，不要仅凭当下的信息、零散的信息做判断。

兼听则明，偏听则暗。分析和决策前应通过不同的渠道，从多个角度收集信息。

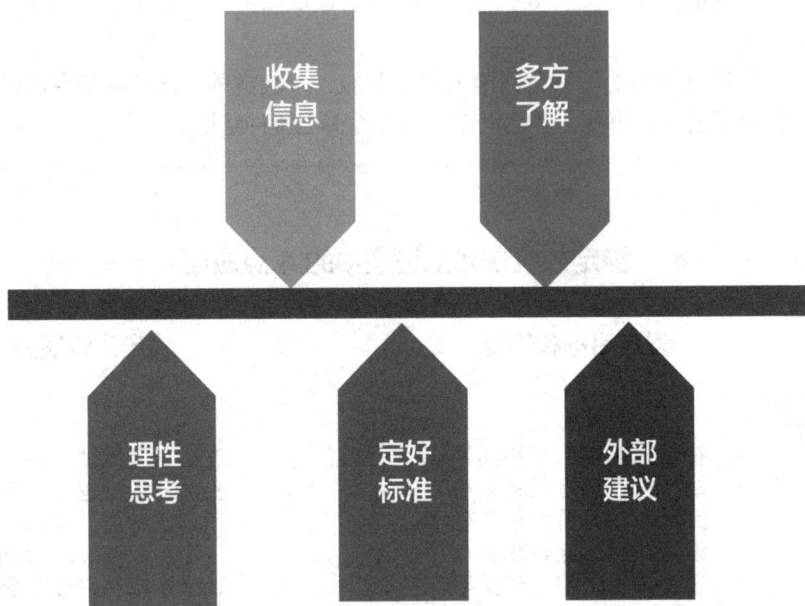

收集
信息

多方
了解

理性
思考

定好
标准

外部
建议

客观、理性思考，避免先入为主。

事先定好标准。标准是标尺，能丈量事物的基本状况，指导人们行动。

寻求外部的意见或建议能够避免团队成员受到个体或团队的预设想法或期望的影响，避免决策失误。

小贴士

锚定效应并不是一个必然负面的心理效应。团队管理者不仅要注意避免锚定效应在分析和决策时可能给自己带来的负面影响，还可以运用锚定效应达到自己的目标。除前文提到的应用场景外，锚定效应还可以用在产品定价、市场营销、商务沟通、商业路演等领域。

02

市场营销

高效的市场营销可以帮助团队确定市场定位，指导产品开发，建立品牌形象，引导消费者的需求，以及提高团队竞争力。有效的营销策略和推广活动能够激发消费者的兴趣和需求，提高产品的销售额和市场份额，为团队提供产品开发的指导，有助于团队了解市场趋势和竞争状况，从而提高品牌的知名度和美誉度。

2.1　销量提升

　　销售业绩作为团队管理者和团队成员工作成果的直接体现，证明了他们的工作效率和价值。销售业绩的提升可以增加团队的收益，提高团队的经济实力和竞争力，可以帮助团队拓展市场，提高产品或服务的影响力和知名度。

　　团队管理者在提升团队的销售业绩时，可能用到的心理效应有曝光效应（the Exposure Effect）、羊群效应（the Effect of Sheep Flock）和名人效应（Celebrity Effect）。

2.1.1　曝光效应：熟悉的东西总让人感到安心

1 最近的产品销售效果总是不太理想，业绩老是上不去，我该怎么办呢？

2 可以利用曝光效应，选择合适的广告投放频率和恰当的广告投放渠道，让更多客户看到我们的产品。

3 那你觉得我们应该如何进行广告投放呢？

4 我们可以将广告投放在多个渠道，如社交媒体渠道、传统媒体渠道等。同时，还需关注广告的质量，确保内容新颖、有吸引力。

5 听起来不错，我们可以尝试这样做。另外，我们应该如何分析广告投放的效果呢？

6 我们需要实时监测和分析广告投放数据，包括曝光次数、点击率、转化率等，以便调整策略。这样，我们就能确保曝光效应在我们的市场营销中发挥了最大的作用。

● **问题拆解** ●

　　频繁展示某个商品，可以激发消费者对该商品的兴趣，有助于建立品牌知名度，提高产品销售量和公司业绩。

心理效应

曝光效应（the Exposure Effect）也叫多看效应、熟悉效应、暴露效应、接触效应等，是指人们会对某个反复暴露的刺激物（例如人、产品、广告等）表现出偏好倾向和积极情感，即人们会对频繁接触的某个刺激物产生较为积极的印象和评价。人们倾向于喜欢熟悉的事物，因为他们认为熟悉的事物更安全、可靠。

20 世纪 60 年代，美国著名的心理学家罗伯特·扎伊翁茨（Robert Zajonc）做过一系列心理实验。有个实验是首先向人们展示一些图片，其中有的图片出现的次数多，有的图片出现的次数少，然后统计受试者对图片的喜爱程度。他发现，受试者对图片的喜爱程度与图片出现的次数正相关。图片出现的次数越多，其越被人们喜欢。

曝光效应是心理学上的一个经典现象，也是许多广告营销策略中经常使用的重要手段。有效地运用曝光效应，能够提高品牌知名度和产品销售量。曝光效应也可以应用在团队管理中，即通过频繁接触和沟通，增加团队成员间的信任度和凝聚力。

曝光效应在市场营销中的 4 个应用

通过频繁地展示品牌，例如在公共场所、社交媒体或广告中展示产品品牌，可以提高品牌知名度。

经常向客户分享专业知识，有助于客户记住我们，促使客户选择我们的产品或服务。

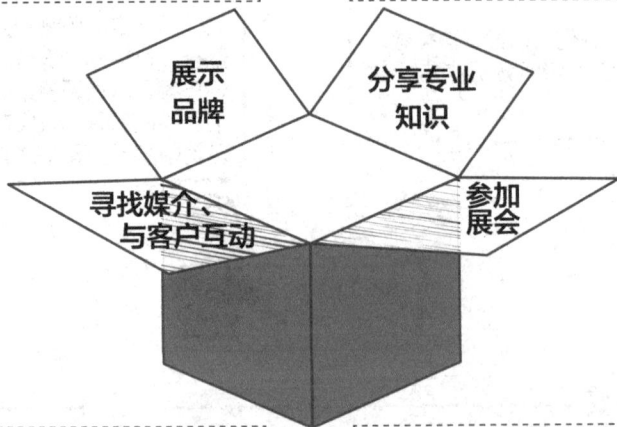

展示品牌

分享专业知识

寻找媒介、与客户互动

参加展会

寻找更多的媒介，让品牌的产品或服务与更多的流量绑定。同时尝试与潜在客户互动，获取客户信任。

参加相关展会可以让人们有机会观察我们的产品或服务，可以提高产品或服务在行业中的声誉。

在市场营销中应用曝光效应的
5 点注意事项

**曝光
频率**

**曝光
质量**

过度曝光可能导致消费者审美疲劳，甚至会引发消费者反感。因此，要避免产品过度曝光。

要确保曝光的内容具有吸引力、新颖性和价值。高质量的内容能够更好地吸引消费者的注意，提高曝光效果。

①

②

**曝光
渠道**

利用不同的媒体和渠道进行曝光，以覆盖广泛受众。例如，可以通过在社交媒体、传统媒体上投放广告等多种形式进行宣传。

③

④

**适度
创新**

在保持曝光度的基础上，在一定程度上提高创新性，以维持消费者的兴趣。这可以通过更新广告创意、改进产品设计等方式实现。

⑤

**目标
受众**

确保曝光内容和目标受众的兴趣、需求以及价值观相匹配。这有助于提高目标受众对产品或品牌的好感度。

● 小贴士 ●

曝光效应如果过度，消费者可能会因为频繁的广告曝光而对产品或服务产生不切实际的期望，或者在没有充分了解产品的情况下做出购买决策。有时候期望越高，失望也越大，可能产生负面效果。

2.1.2 羊群效应：为什么评价这么重要

1 我们的产品销量有上升势头，我觉得可以利用自媒体的推荐来进一步提高销售额。

2 这是一个好思路。我们可以利用自媒体的影响力引导消费者购买我们的产品，这叫羊群效应。

3 那我们应该如何选择合适的自媒体呢？

4 首先，我们要确保自媒体具有广泛的受众和高度的影响力。其次，自媒体的形象和价值观需要与我们的品牌和产品相匹配。

5 了解了。除了自媒体，我们还可以利用哪些与羊群效应有关的策略来提高产品销量呢？

6 我们还可以利用社群营销、朋友圈营销、网络评论等来积极宣传。当看到其他人对我们产品的好评时，大量消费者更愿意跟随大众的选择来购买我们的产品，如此一来，也就能提高我们的销量。

● 问题拆解 ●

　　部分消费者偏向于跟随大众的意见或选择做出购买决策，我们可以通过自媒体推荐、社群营销等方式吸引消费者购买产品。

● 心理效应 ●

羊群效应（the Effect of Sheep Flock）是一种从众心理，指的是在某些情况下，个体倾向于模仿成功个体或领先者的行为，而忽视自己的独立判断。在羊群效应中，群体成员往往盲目地跟随领导者或根据主流观点做决策，而不是根据自己对信息的分析和判断来做决策。

羊群原本是散乱的，若某只羊发现了一片肥沃的草地，吃上了新鲜的草，则会有羊跟随这只羊来这片草地吃草，之后不断有新的羊模仿和跟随，最后整个羊群都到这片草地上吃草。

羊群效应可以影响人们的决策，因此它在市场营销中具有非常重要的作用。例如，人们愿意购买其他人购买过的商品，因为他们认为这是一种更加稳妥和可靠的决策。

羊群效应的 4 个心理学原理

信息不对称

在一些情况下，个体可能没有足够的信息来独立做出决策，因此他们可能会以其他人的行为作为信息来源。

归因偏差

人们往往认为他人的成功是由于他们做了对的选择，而不是其他外部因素。因此，人们可能会模仿他人的行为，期望能够获得类似的成功。

规避不确定性

人们在面临不确定性时，往往会寻求安全感。模仿群体行为能使个体感到安全。个体通常认为模仿他人行为可以降低决策风险，能减少对未知结果的担忧。

社会认同

人们有时会模仿群体的行为，以获得认同和被他人接纳。这种心理需求可能导致人们在没有充分思考的情况下模仿群体行为。

羊群效应在市场营销中的 4 类应用

社交
证明

社交证明是指利用其他人的产品购买记录或评论等信息来证明产品或服务的优势。例如利用好的用户评价通过微信、微博等社交媒体塑造口碑。

联合
推广

与知名品牌或行业领导者合作，可以提高自身品牌的知名度和信誉。这种联合推广策略可以让消费者认为某一品牌的产品或服务具有和知名品牌类似的价值，从而产生羊群效应。

智能
营销

智能营销是一种利用大数据和机器学习来预测需求和行为的方法。通过收集与用户行为、兴趣和偏好相关的数据，预测用户可能感兴趣的东西，并在合适的时机提供给他们。

热销
氛围

通过显示高销量，好评如潮等信息，表明该产品是受欢迎的，进而使消费者产生购买欲望。利用销量数据，用户评价等信息来增强产品的吸引力。

● 小贴士 ●

个体会受到别人情绪的影响而改变自己的情绪状态。当一些人对某个产品或服务表现出强烈的兴趣时，这种情绪可能会影响到其他人，使他们也对该产品或服务产生兴趣。

2.1.3　名人效应：用高势能"背书加持"销量

① 竞争对手近期销量明显增加，原因是他们找了一些 KOL（Key Opinion Leader，关键意见领袖）。

② 通过 KOL 提高产品销量确实是一个有效的方法，这种方式就是运用了名人效应，你也可以尝试应用。

③ 运用名人效应的意思是寻找艺人给自己的产品或服务代言吗？我们团队可没那么多经费。

④ 不一定要找艺人，只需找在产品所在领域有影响力的人就可以了。

⑤ 我了解了一些应用名人效应的案例，但还是担心效果不明显，或者起到反作用，我们应该如何更好地运用名人效应？

⑥ 关键在于选择合适的名人，并且让名人与我们的产品形成紧密的关联，这样才能最大限度地发挥名人效应。

● 问题拆解 ●

　　当消费者喜爱或崇拜的名人与某个产品或服务联系起来时，消费者往往会认为这个产品或服务具有更高的品质、可靠性或更强的吸引力，因此更有可能购买这个产品或服务。这里的名人不一定指艺人，还包括在某个领域有影响力的人。

● 心理效应 ●

名人效应（Celebrity Effect）是对名人的出现所形成的引人注意、强化事物、扩大影响的效应或人们模仿名人的现象的统称。因为名人具有较高的知名度，所以更容易引起人们的好感、关注和议论，并让人记忆深刻。

美国营销学教授阿姆纳·基尔马尼（Amna Kirmani）和韩国营销学教授柳在宰（Youjae Yi）在《广告学研究》中发表过一篇名为《名人代言广告效果的实证研究：来自实验和现实世界的证据》的论文，他们通过实验证明了名人代言对消费者购买意愿的积极影响。

名人效应的具体应用通常是利用名人代言、自媒体推荐、KOL 推荐等扩大产品影响力。在团队管理中，名人效应主要应用在市场营销方面，可以帮助品牌提升知名度和吸引力。

● 应用名人效应做好市场营销的 4 个关键点 ●

挑选名人

01

团队管理者需要选择与产品或品牌定位相符、受众认可度高的名人作为代言人。也要考虑代言人的知名度、影响力和个人形象等因素。

合作计划

02

团队管理者需要制定明确的合作计划，确定代言人的角色、推广方式和时间表等，并与代言人进行充分沟通和协商。要注意遵守相关法律法规和行业规范。

品牌关联

03

围绕品牌和名人的共同点，创作有吸引力的营销内容。这些内容应能够引起消费者的共鸣，激发消费者的购买欲望。

媒体宣传

04

团队管理者需要加强对代言活动的媒体宣传，通过网络社交媒体、电视等渠道向消费者展示名人与品牌之间的联系和互动，提高品牌知名度和关注度。

在市场营销中应用名人效应的 4 点注意事项

选择与品牌形象、产品属性、服务理念等匹配的名人。名人的形象和价值观应与品牌形象和价值观一致，以避免消费者产生困惑或负面情绪。

与名人保持良好的沟通，并建立紧密的合作关系。确保名人对产品有深入了解，以便更好地宣传。

名人选择

独特创意

合作关系

评估效果

通过创意策划和活动设计，营造名人代言的独特性，给名人代言赋予新颖的意义，产生"1+1 > 2"的效果，增强名人代言活动的吸引力。

定期分析、跟踪和评估名人代言的实际效果，根据市场变化和消费者需求适时调整代言人或相关策略，以优化市场营销效果，保持品牌活力。

• 小贴士 •

应用名人效应时，要选择具有社会责任感的名人，避免其负面新闻影响品牌形象。同时要充分发挥自身优势，不要过度依赖名人效应。还可以将应用名人效应的营销策略与其他营销策略相结合，形成有效的市场营销组合。

2.2 产品定价

产品的定价直接影响到利润、市场竞争力、市场需求和投资回报等。因此，团队管理者需要认真考虑产品的定价策略，以实现团队的长期发展。

团队管理者在实施产品定价策略时，可能用到的心理效应包括替代效应（Substitution Effect）、凡勃伦效应（Veblen Effect）和贝勃定律（Bebble's Law）。

2.2.1 替代效应：让产品很难被替代

1 最近我们推出了新产品，但销量却不尽如人意。我们的竞争对手总表现得更好。

2 你有考虑过产品之间的替代效应吗？有时候我们需要关注市场上的替代品，它们可能会对我们的产品销量产生影响。

3 替代效应？我没了解过这个概念。能不能详细解释一下？

4 替代效应指的是当消费者在购买某种产品时，可能会因为价格或其他因素选择购买其替代品。例如，当苹果价格上涨时，消费者可能会选择购买相对便宜的梨。

5 原来如此，那我该如何利用替代效应来提升销量呢？

6 首先，你需要了解市场上的替代品，分析它们对你的产品产生的影响。其次，你可以考虑通过调整产品定价、提升产品品质等策略来吸引更多消费者。

● **问题拆解** ●

在团队管理中，了解替代效应有利于团队调整市场策略，更好地满足消费者需求。例如，某个竞争对手的产品价格下降可能会引起消费者更多地购买该竞争对手的产品，从而影响本团队产品的销量。了解了这一现象，团队就可以采取相应措施来应对市场变化。

• 心理效应 •

替代效应（Substitution Effect）指消费者在购买某种产品时，可能会因为价格、品质、品牌等因素选择购买其替代品。替代品可以是同一种类的不同品牌或型号的产品，也可以是不同种类但具有相似的功能和用途的产品。

例如，当汽油价格上涨时，消费者可能会选择购买更经济环保的电动汽车，以减少用车支出。消费者将汽油与电力视为可互相替代的产品，并且在二者价格不同时做出了替代选择。汽油价格变化对电动汽车需求的影响就是替代效应的表现。

在市场营销中，了解替代效应的影响可以帮助市场营销人员更好地了解消费者的需求和偏好，并根据这些需求和偏好做出更符合市场需求的产品和定价决策。

• 与替代效应相关的 4 类工作 •

了解竞争对手的产品特性、价格和市场份额，分析市场上的替代品对团队产品的影响。

根据市场需求和竞争对手的定价策略，适时调整自己产品的价格，以吸引消费者。

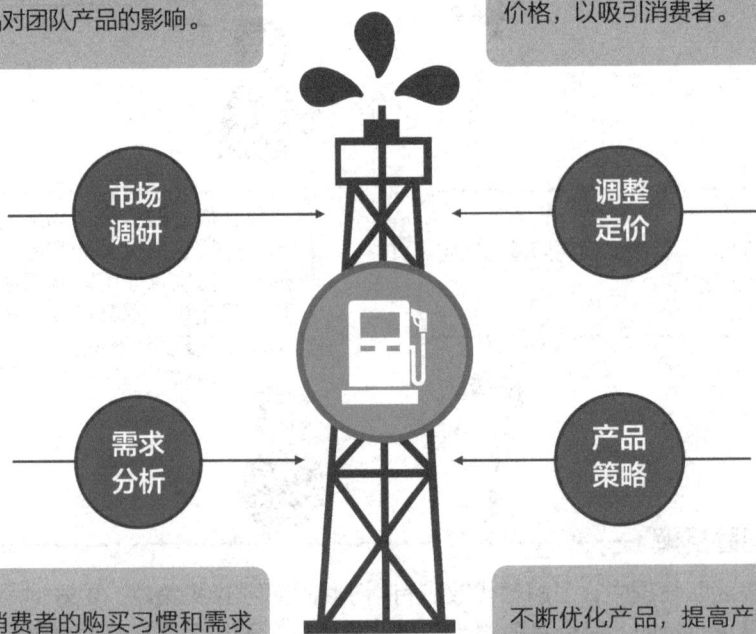

市场调研

调整定价

需求分析

产品策略

了解消费者的购买习惯和需求变化，调整产品和营销策略以满足消费者需求。

不断优化产品，提高产品的质量和性能，使之在竞争中更具优势。

基于替代效应
团队管理者的 5 点注意事项

关注市场动态

团队管理者要关注市场信息，了解竞争对手的情况，及时发现市场变化。

保持产品创新

保证产品差异化，不断研发新产品，或者为产品赋予新功能，以满足不断变化的市场需求。

注重服务

保证服务差异化，提供优质的售前、售中和售后服务，增加消费者的满意度和忠诚度。

提升品牌价值

通过各类营销活动，提高品牌知名度和美誉度，提升品牌价值。

创新营销方式

采用新颖的营销手段，为产品或服务赋予不同的价值主张，吸引消费者关注和购买。

小贴士

市场上存在过多的替代品有可能引发各品牌争相降价，从而出现过度降价的情况。过低的价格可能会导致消费者质疑产品质量，反而不利于提高产品的销量。所以不要打价格战，要在保证利润的前提下定价。

2.2.2 凡勃伦效应：标价高，销量可能反而大

1
我们的产品质量已经足够高了，但销量却没有达到预期。我觉得应该降低价格来吸引更多的消费者。

2
降低产品价格是唯一方法吗？有时候，价格过低反而会让消费者产生怀疑，而不是使其更愿意购买。

3
难道还要涨价不成？

4
涨价也是一种市场营销策略。说不定提高价格反而会提高销量。

5
什么？提高价格？我没考虑过这个方法。

6
这应用了凡勃伦效应，提高产品的价格会让消费者觉得产品具有高价值。这样，他们反而会更愿意购买我们的产品。

●—— 问题拆解 ——●

凡勃伦效应对产品定价和市场策略有着重要影响。产品价格并不是越低越好，降低价格不一定会提升销量。有时候提高产品价格，反而能吸引消费者购买产品。

● 心理效应 ●

凡勃伦效应（Veblen Effect）指产品或服务价格上涨，消费需求不减反增的现象。这与价格和需求成反比关系的规律相反，反映了人们进行挥霍性消费的心理。凡勃伦效应得名于美国经济学家凡勃伦。

凡勃伦效应通常发生在与高端产品和高品质服务相关的市场，当价格上涨时，由于产品具有炫耀性和身份象征性，部分消费者更倾向于购买，以显示自己的社会地位和财富。

在市场营销中，凡勃伦效应具有重要意义。它告诉我们，有时候产品价格定得越高，产品越能受到消费者的青睐。

在市场营销中应用凡勃伦效应的 4 种策略

产品策略

提升产品档次，赋予产品身份象征性，以吸引那些希望用产品彰显地位和财富的消费者。

宣传策略

采用有效的宣传手段，选择合适的媒介，突出产品的独特价值和品牌形象，强调产品与众不同和高端奢华的特点。

渠道策略

选择适合高端产品的销售渠道，如高档百货商场、专卖店等，营造高端的购物环境和良好的购物体验。

包装策略

采用适合高端产品的包装设计和材料，增强产品的视觉冲击力，提升产品的吸引力。

应用凡勃伦效应的 4 点注意事项

适用范围

凡勃伦效应一般只适用于高端产品，团队管理者需要了解产品所处的市场环境和目标受众，判断其是否适合采用凡勃伦效应。

市场调研和分析

团队管理者需要加强市场调研和分析，了解目标受众的消费习惯、市场趋势和竞争情况等，以制定合适的市场营销策略，并及时调整，从而提高产品的销售量和市场份额。

创造购物体验

团队管理者应通过提供个性化服务、限量版产品等，创造独特的购物体验，进一步增强产品的高端感和奢华感。要确保产品的品质和服务质量，提升消费者满意度。

品牌价值

品牌价值对高端产品而言非常重要，高售价的背后是品牌溢价。团队管理者可以宣传品牌的历史、文化等精神内涵方面的价值，打造高端品牌形象，从而刺激消费者购买欲望。

小贴士

需要注意的是，在应用凡勃伦效应时，必须确保产品本身具有足够的价值，否则消费者可能会因价格过高而选择替代品。若过度依赖凡勃伦效应，忽视对产品的质量、性能等方面的提升，一旦市场环境发生变化，凡勃伦效应可能会失去作用，导致产品销量下降。

2.2.3 贝勃定律：不同的对比带来不同的感受

1 我们的产品价格较高，我担心这会影响销量。我们是不是应该先降低价格，然后再逐步提高，这样消费者可能会更容易接受？

2 你的担忧是可以理解的。但根据贝勃定律，也许我们可以先涨价，再降价。

3 这个方法听起来很有趣，能不能详细说说？

4 可以根据产品价值和市场定位来提高价格，然后再逐步降低到我们想要的价格。这样消费者可能会觉得降低后的价格更划算，从而更容易接受。

5 明白了，这个方法很高明，可是这样的策略会不会影响我们的品牌形象呢？

6 可能会，所以要谨慎使用这个策略。我们要确保价格变动不会损害品牌形象和信誉。在执行这个策略时，我们可以适当地解释价格变动的原因，以便消费者理解并接受。

● 问题拆解 ●

先提高产品价格，再降低到我们实际想要的价格水平，虽然消费者不会购买高价产品，但降价这件事会增强消费者的购买意愿。在运用贝勃定律时需要注意保护品牌形象和信誉，确保价格变动不会对品牌形象和信誉产生负面影响。

● **心理效应** ●

贝勃定律（Bebble's Law）反映的是一种社会心理现象，是指在人们受到强烈的刺激之后，随后施予的较小刺激对其来说会变得微不足道。

假如某人右手拿着 500 克的砝码，左手需要拿 510 克以上的砝码才能感受到重量差距；假如右手拿着 1000 克的砝码，这时候左手拿 1010 克的砝码很可能感受不到重量差距，需要拿 1020 克甚至更重的砝码才能感受到差距。

人们对前后两次刺激的反应取决于它们之间的相对差距。如果第一次刺激的强度很大，第二次刺激的强度相对较小，人们对第二次刺激的反应往往会较弱。

贝勃定律的心理学原理主要与人类的适应性心理过程有关。人们在面对刺激时会迅速适应，并在一定程度上减弱对后续相似刺激的敏感性。这种适应性心理过程有助于人们在面对复杂环境时保持心理平衡，避免因为频繁变化的刺激而产生过度的情绪反应。

贝勃定律常见的 4 种应用

定价策略

利用贝勃定律，可以先提高产品价格，随后降低至实际期望的价格，使消费者觉得当前价格更具吸引力。这种策略有助于增强消费者的购买意愿。

心理引导

先展示价格更高的产品或服务，将其与期望消费者购买的产品或服务形成对比，引导消费者接受推荐的产品或服务。

广告策略

通过合理地安排广告的强度和顺序，了解消费者对不同刺激的敏感程度，从而有效地吸引消费者的注意力，提高广告的传播效果。

用户体验

适当调整对消费者的刺激的强度，让刺激强度循序渐进，可以让消费者在体验过程中保持兴趣和较高的满意度。

贝勃定律在其他方面
可能产生的 4 种影响

贡献
误判

某人曾经做出过比较大的贡献，之后做出的贡献没有之前那么大，但其实也值得肯定，但是团队管理者却不会给此人相应的正面评价。

感情
受挫

团队管理者在某段时间给予某个员工过于密切的关怀，会提高员工的期待值，让员工觉得关怀理所当然。之后若团队管理者没有继续提供密切关怀，反而会让员工感到被冷落。

内容难以
吸引他人

团队管理者在向团队成员或大众展示内容时，如果一开始就展示令人震撼的内容，而后面的内容虽然很好，但相对没那么令人震撼，则很可能难以吸引他人。

客观评判
努力

若某段时间付出的努力特别大，之后付出的努力较小，人会觉得自己好像没努力。所以我们要客观评判努力程度，或平均分配努力程度。

小贴士

不要把目标定得过高，管理好自己的心理预期，把握分寸，以平常心看待工作和生活，更可能发现惊喜。

2.3　品牌宣传

品牌宣传可以让更多人了解团队的产品或服务，增加客户；可以增强团队的竞争力，让团队在市场上更具竞争优势；可以帮助团队建立品牌形象，形成自己的独特风格和特点，增加和提高客户对团队的认知和信任度；可以促进销售，提高团队的销售额和利润，实现团队的商业目标。

团队管理者在品牌宣传时，可能用到的心理效应包括烂瓜子效应、阿瓜约效应（Aguayo Effect）和睡眠效应（Sleeper Effect）。

2.3.1 烂瓜子效应：细节影响整体

1 最近产品销量下降了，因为我们的产品质量出了点小问题，有人在社交媒体上发布了这件事。

2 具体是怎么回事呢？

3 其实不是什么大问题，就是产品的小部件出了点质量问题，不影响产品的正常使用。

4 我明白你的想法，但市场营销中的烂瓜子效应告诉我们，即使我们的工作有 99% 是良好的，只有 1% 是不良表现，但这 1% 的不良表现可能会给客户留下极深的负面印象。

5 这么说来，我们不能只关注整体表现，还要时刻注意每个细节吗？

6 没错，我们要追求产品零缺陷，服务零失误，这样才能保证客户满意。

● 问题拆解 ●

俗话说，"一颗老鼠屎坏了一锅粥"。消费者很可能因为产品或服务的小瑕疵而对品牌产生不好的印象，让团队之前的努力付诸东流。品牌宣传不是儿戏，产品营销不能随意，我们必须重视产品的每个细节，确保产品质量和服务质量最好。

心理效应

烂瓜子效应，又称 0 分法则（Zero Rule），指的是某个小的负面事件可能给品牌的整体形象造成极大损害。

烂瓜子效应源于人们日常吃瓜子的体验，人们在吃瓜子时，尽管前面吃了不少好瓜子，但只要吃到一粒烂瓜子，体验会瞬间变差，只会记得吃到了烂瓜子。

在品牌宣传方面，烂瓜子效应具有重要意义。团队管理者需要关注产品和服务的每一个细节，确保消费者满意和维持良好的口碑。在市场竞争激烈的环境下，在产品和服务上，即使是很小的失误也可能导致客户流失和引来负面评价。团队管理者应积极采取措施，追求"零缺陷""零失误"。

避免出现烂瓜子效应的 4 个关键点

质量管理

建立完善的质量管理体系，确保产品和服务的质量。

内部建议

鼓励团队成员提出改进建议，持续改进产品和服务质量。

客户反馈

定期收集客户反馈信息，了解客户需求，及时调整策略。

关注动态

关注市场动态，关注竞争对手的动作，以便及时做出反应。

基于烂瓜子效应
团队管理者的 4 点注意事项

**强化
沟通**

加强团队内部沟通，确保信息的准确传递，避免因误解导致决策失误。加强团队凝聚力，鼓励团队成员积极参与项目，共同解决问题。

**关注
态度**

关注团队成员的工作态度，及时纠正不良行为，避免团队成员态度不端正，对团队形象造成负面影响。实施激励措施，鼓励团队成员努力提升自己的工作水平。

**敬业
精神**

培养团队成员的责任心，确保他们在工作中保持高度的敬业精神。确保团队成员了解品牌文化和价值观。

**反馈
机制**

建立有效的反馈机制，让团队成员能够及时了解自己的工作成果和需要改进的地方。对团队成员进行培训，使他们增加对烂瓜子效应的认识。

● 小贴士 ●

团队管理者需要时刻关注产品和服务的细节问题，做好预防工作，避免因小失误造成客户流失和引来负面评价。同时，在发现问题后，要及时采取措施予以纠正，挽回客户。团队管理者应通过全面提高团队的工作质量和服务水平，营造良好的品牌形象，确保团队在市场营销中取得成功。

2.3.2 阿瓜约效应：客户评价影响深远

1 我们团队最近在推广一款新产品，虽然销售业绩还不错，但也有一部分客户给出了负面评价。

2 哦？那些给出负面评价的客户都反馈了什么问题呢？

3 主要是产品使用上的一些小问题，并不是质量问题，而且数量也不多，不需要特别关注。

4 有个心理效应叫阿瓜约效应，阿瓜约效应告诉我们，不要忽视任何一个负面评价。

5 为什么？

6 一个客户的负面评价可能会影响很多潜在客户，最终影响产品的销售。

● 问题拆解 ●

　　俗话说，"好事不出门，坏事传千里"。客户的负面评价可能会影响其他客户对产品的看法，因此要重视客户的负面评价，及时解决问题。

● 心理效应 ●

　　阿瓜约效应（Aguayo Effect）源于美国经济学家拉斐尔·阿瓜约（Raphael Aguayo）的研究，指的是1个不满意客户产生的负面影响远比1个满意客户产生的正面影响大。

　　社会关系学中有个定理：1个人通常会与100个以上的人保持弱关系。某个品牌赢得1个客户的好感，相当于赢得了超过100个潜在客户的好感；但假如得罪了1个客户，则相当于得罪了超过100个潜在客户。

　　实际上当1个客户对某品牌满意时，他可能会把这一品牌分享给身边的10个朋友；但当他对某个品牌不满意时，他可能会把对这个品牌的负面情绪分享给身边的20个以上的朋友。尤其如今社交网络比较发达，负面信息传播更快，也更广。

　　团队管理者应当重视客户的反馈，及时发现并解决问题，提高客户满意度，从而增强品牌的市场竞争力。

避免阿瓜约效应的 4 个关键点

做好服务

提供优质的售前、售中和售后服务，确保客户在购买产品或服务过程中的问题能够得到及时解决。

预警反馈

建立高效的客户意见反馈机制，及时了解客户的需求和意见。在客户对外给出负面评价前解决问题。

01

02

03

04

及时沟通

对那些对产品或服务不满意的客户，要积极主动地与他们沟通，了解他们的需求，制定合理的解决方案。

管控评价

当负面评价出现在互联网上后，可以通过主动联络客户、真诚致歉、整改等手段，请求客户撤销负面评价，以减少负面评价的影响。

基于阿瓜约效应
团队管理者的 4 点注意事项

设定目标
制定客户满意度目标，量化并追踪满意度指标。对客户进行细分，针对不同类型的客户制定不同的满意度提升策略。

针对改进
定期进行客户满意度调查，在满足满意客户的需求的基础上，针对不满意客户进行有针对性的改进，提高整体客户满意度。

提升能力
定期对团队进行优化客户满意度培训，提高团队成员对阿瓜约效应的认识，提高团队的沟通能力和问题解决能力，以便更好地满足客户需求。

维护关系
与客户建立长期稳定的合作关系，了解客户的长期需求和期望。建立激励机制，鼓励团队成员维护客户关系，为提高客户满意度而努力。

小贴士

团队管理者要减少客户不满意带来的负面影响，但也要注意工作重心。减少客户不满意的负面影响虽然重要，可这并不意味着团队管理者只需盯着那些不满意的客户，团队管理者应在满足满意客户的需求的基础上，积极改进产品，提高产品和服务的质量。

2.3.3 睡眠效应：差广告不一定没效果

1 我们团队最近发布了一系列广告，但收到了很多消费者的负面评价，他们觉得广告没有创意，情节牵强。

2 有广告总好过没有广告，至于广告创意的问题，以后改进就可以了。

3 我担心对广告的负面评价可能会影响产品的销量，出现烂瓜子效应或阿瓜约效应。

4 实际上随着时间推移，消费者可能会忘记广告的具体内容，对广告的负面评价可能会转化为意想不到的正面评价，这种现象被称为睡眠效应。

5 睡眠效应？那么我们是不是可以在广告中故意制造一些负面情节，以期待睡眠效应的发生？

6 不是这样的，不能主动追求睡眠效应，而且睡眠效应并非必然发生。故意让广告产生负面评价是不明智的行为。

● 问题拆解 ●

俗话说，"时间会冲淡一切"。在广告领域，这个道理也同样适用。消费者可能对某个广告的情节或逻辑产生负面评价，但随着时间推移，这些负面评价有可能逐渐被遗忘，最终消费者可能只会留下对产品的印象，从而转化为正面评价。所以"有没有广告"的优先级比"广告质量高低"更高。

心理效应

睡眠效应（Sleeper Effect）是指宣传结束一段时间后，高可信性信源带来的正效果在减弱，而低可信性信源带来的负效果可能会朝正效果转化。睡眠效应可以解释为什么一些评价不好的广告不仅会给人留下深刻的印象，而且可以提高产品的销售额。

睡眠效应的提出人是美国著名的实验心理学家卡尔·霍夫兰（Carl Hovland）。霍夫兰和沃尔特·韦斯（Walter Weiss）通过一系列实验发现，随着时间的推移，高可信性信源带来的传播效果在减弱，而低可信性信源带来的传播效果在增强，甚至由最初的负效果转向正效果。

消费者初次接触某则广告时可能会对广告产生负面评价或抵触情绪。但随着时间的流逝，消费者会逐渐忘记广告的具体内容，只记得广告中的产品或品牌。在这个过程中，消费者的心理逐渐发生变化，原本的负面评价可能被转化为正面评价。

基于睡眠效应
制作品牌广告的 4 个关键点

关注广告的传播周期，适时调整广告内容和投放渠道，以保持消费者对产品的新鲜感。

确保广告内容与品牌或产品间的关联性，避免消费者在忘记广告内容的同时也忘记品牌或产品。

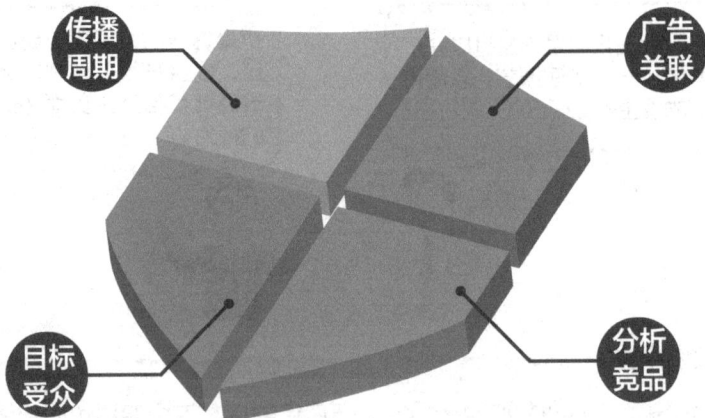

传播周期

广告关联

目标受众

分析竞品

关注广告的目标受众，密切关注目标受众的心理变化，及时调整广告的内容和投放策略。

了解和分析竞品的广告策略，以便做到广告的差异化，从而更好地应对竞争。

基于睡眠效应
团队管理者的 4 点注意事项

在设计广告内容和制定广告策略的过程中，应充分考虑消费者的心理状态和预期，以提高广告投放的效果。

调查和了解消费者的需求，制定符合消费者需求的广告策略。密切关注消费者对广告的反馈，以便及时调整广告策略。

针对
投放

调查
需求

保持
新鲜

广告
效果

广告创意虽然不是广告投放最重要的方面，但在不同的广告投放平台上应尽可能保持广告的新鲜度，以吸引消费者关注。

关注消费者对广告的反馈，尽量避免广告内容产生负面效果，以免影响品牌形象。通过数据分析，跟踪广告效果，为后期调整广告策略提供依据。

● **小贴士** ●

虽然睡眠效应有可能使负面评价转化为正面评价，但也没有必要为了追求这种效应而刻意制造负面情节。睡眠效应并非必然发生，并非广告的所有负面评价都会转化为正面评价。刻意制造的负面情节和持久的负面信息传播可能导致消费者对品牌或产品产生持久的负面印象。

03

员工激励

有效的员工激励可以提高员工的积极性，增强员工归属感，增强团队凝聚力，以及激发员工创造力，提高团队绩效；可以提高员工对团队的忠诚度，提高员工的工作满意度和留任率，同时促使员工提出新的想法和建议，推动团队的进步和发展。

3.1 提振士气

提振员工的士气可以提高团队的工作效率、增强团队凝聚力、提高员工满意度、促进员工发展以及提升公司形象。通过提振员工的士气，团队管理者可以更好地实现目标，提高团队的竞争力和市场影响力。

团队管理者在提振员工士气时，可能用到的心理效应包括德西效应（Westerners Effect）、霍桑效应（Hawthorne Effect）和心理摆效应（Psychological Pendulum Effect）。

3.1.1 德西效应：奖励太多可能反而失效

1 最近我在组织团队搞市场营销活动，为了让大家积极参与，我决定给他们提供丰厚的奖励。

2 但有时过多的奖励反而会产生负面效果，会降低团队成员的积极性。

3 啊？真的吗？我以为奖励越多，大家的积极性会越高呢。

4 不一定，过多的奖励可能会减少团队成员对事物本身的兴趣，导致内在动机减弱。这叫作德西效应。

5 原来如此。那我应该如何调整奖励策略，才能避免这个问题呢？

6 你需要找到一个适当的奖励平衡点，以便在激发团队成员积极性的同时，保持他们的内在动机。

● **问题拆解** ●

过犹不及。在团队管理中，过多的奖励可能会导致德西效应的出现，使得团队成员的内在动机减弱。为了避免这一问题，团队管理者需要了解德西效应，并学会如何在奖励策略中找到平衡点。

● **心理效应** ●

德西效应（Westerners Effect）源于 1971 年美国心理学家爱德华·L.德西（Edward L.Deci）的实验。实验发现，当组织者给予参与者过多的外部的物质奖励时，这项活动对参与者的吸引力反而会减少。根据德西效应，适度的奖励有利于巩固个体的内在动机，但过多的奖励有可能使个体减少对事情本身的兴趣，导致其内在动机减弱。

德西效应在团队管理中尤为突出，过多的奖励可能会导致团队成员过于关注奖励而忽略任务本身，进而削弱他们对工作的热情和积极性。因此，在团队管理中，要避免过多的奖励。

● 德西效应可能对团队产生的 4 类影响 ●

内在动机减弱

如果团队管理者过分强调物质奖励，员工可能会认为他们只是为了获得奖励而工作，而不是因为对工作本身感兴趣。这可能导致员工的内在动机减弱，进而影响他们的工作表现。

重心偏移

当团队成员过于关注奖励时，他们可能会忽略任务本身，工作重心发生偏移，进而影响工作表现。例如，员工可能会花更多的时间思考如何获得奖励，而不是如何更好地完成任务。

合作意愿降低

如果团队管理者过分强调个人奖励，员工可能会认为他们只需要关注自己的利益而不是整个团队的利益。这可能导致员工的合作意愿降低，进而影响团队的整体绩效。

压力增加

如果团队管理者过分强调物质奖励，员工可能会感到自己必须在短时间内完成更多的任务以获得更多的奖励。这可能导致员工的压力增加，进而影响他们的工作表现和健康。

基于德西效应
团队管理者的 4 点注意事项

设定奖励标准

根据团队成员的实际表现和任务难度，设定合理且有挑战性的奖励标准，激发成员的积极性。确保奖励与任务难度成正比，注意奖励的适度性，避免过高或过低的奖励对成员内在动机产生负面影响。

非物质奖励

避免过度强调物质奖励，提供更多非物质奖励，如表扬、认可等，关注员工的身心健康，加强员工关怀，强化团队成员的内在动机，提升团队成员的归属感和认同感。

内在动机

注重增强员工的内在动机，让他们认识到工作的重要性和意义，从而激发他们的工作热情。例如，可以通过提供更好的工作环境、支持员工的学习和发展、鼓励员工发挥自己的创造力等方式来激励员工。

定期评估

定期评估奖励策略的有效性，根据团队成员的反馈和表现进行调整，确保奖励策略始终适应团队的发展。了解团队成员的需求和期望，确保奖励策略能满足他们的需求，激发其内在动机。

● **小贴士** ●

集体奖励可以增强团队成员的合作意愿。团队管理者应避免过分关注个人奖励，强调团队合作，增强团队凝聚力，鼓励成员之间相互支持、协作，共同努力，从而提高整个团队的绩效。

3.1.2 霍桑效应：关注本身就是激励

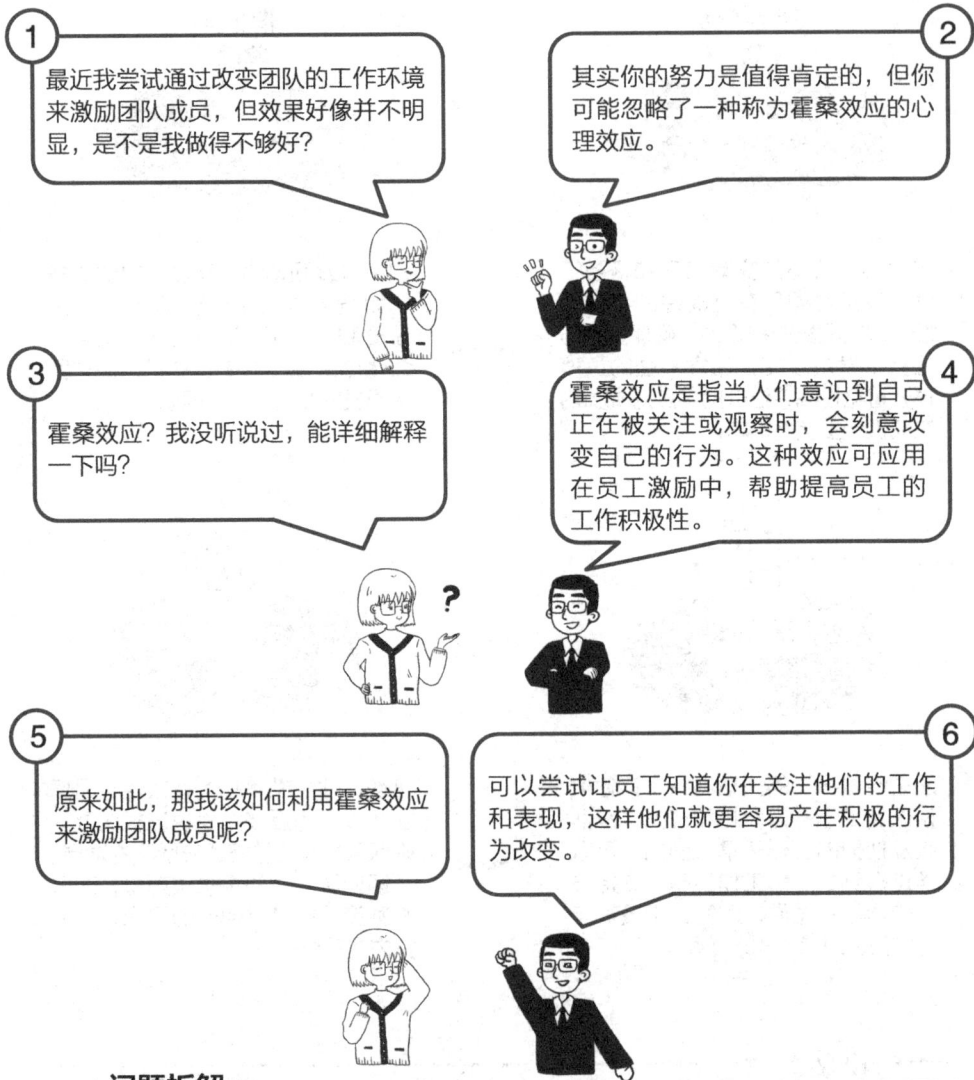

1 最近我尝试通过改变团队的工作环境来激励团队成员，但效果好像并不明显，是不是我做得不够好？

2 其实你的努力是值得肯定的，但你可能忽略了一种称为霍桑效应的心理效应。

3 霍桑效应？我没听说过，能详细解释一下吗？

4 霍桑效应是指当人们意识到自己正在被关注或观察时，会刻意改变自己的行为。这种效应可应用在员工激励中，帮助提高员工的工作积极性。

5 原来如此，那我该如何利用霍桑效应来激励团队成员呢？

6 可以尝试让员工知道你在关注他们的工作和表现，这样他们就更容易产生积极的行为改变。

● 问题拆解 ●

"观察者在观察，表现者在表现"，关注本身就能够对员工的行为产生正向的激励效果。让员工感受到自己被关注，可能比一些其他外部刺激更能激励员工做出积极的行为改变。

● 心理效应 ●

　　霍桑效应（Hawthorne Effect）源于 1924 年至 1933 年间哈佛大学教授乔治・埃尔顿・梅奥（George Elton Mayo）在美国西部电气公司的一间名为霍桑（Hawthorne）的工厂进行的一系列实验研究。

　　研究者最初试图探究工作条件与生产效率之间的关系，却意外地发现了这种心理现象。霍桑效应表明，当员工意识到自己的行为和表现受到关注时，他们往往会更加努力地工作，从而提高生产效率。

　　在团队管理中，合理利用霍桑效应有助于激励员工，提高他们的积极性。例如，管理者可以适当关注员工的工作进展，让他们觉得自己的努力和成果受到了重视。此外，管理者还可以通过与员工进行积极的沟通和交流，表达对他们的关心和支持。

　　有时候，一句"我看到了你的努力"就能达到很好的激励效果。

● 霍桑效应在团队管理中的 4 点应用 ●

适度关注员工的工作进展，给员工一定的自主性，通过创造良好的工作氛围，让员工感受到被关注和重视。

发现员工的优点，为员工提供发挥优势的职业机会和相应的学习机会，激发员工的积极性和进取心。

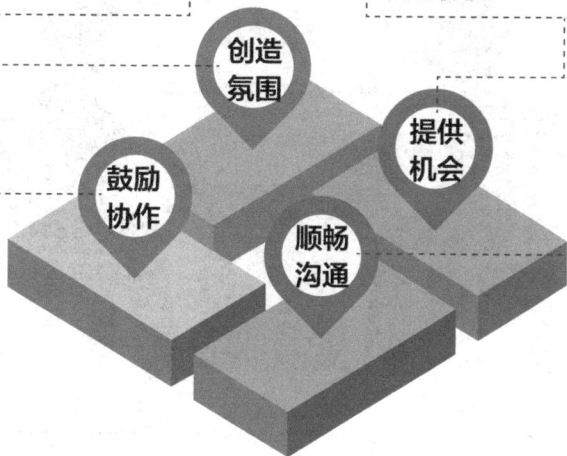

创造氛围

提供机会

鼓励协作

顺畅沟通

鼓励员工分享自己的工作经验和心得，鼓励团队协作，为员工间的共创提供支持，以加强团队凝聚力。

与员工保持良好的沟通，了解他们的需求和困扰，定期对员工的工作表现进行评估和反馈，让他们知道自己的努力得到了认可。

基于霍桑效应
团队管理者在工作中的 4 点注意事项

**保持
真诚**

对待员工时要保持真诚，不能只在形式上关注员工，要发自内心、抱着善意地关注员工，避免虚假的关注给员工留下负面印象。

**自我
激励**

人有自我激励的能力。可以培养员工自我激励的意识和能力，提高他们的自主性和责任感。

**长期
关注**

注意激励的长期性，持续关注员工的发展。不要一时过分关注员工，一时又完全忽略员工的存在。

**调整
策略**

注重对激励效果的评估和反馈，根据员工的个体差异和工作状态持续优化激励策略，避免单一的激励策略。

● 小贴士 ●

合理运用霍桑效应可以有效激励员工，提高他们的工作积极性和绩效。但应用霍桑效应要适度，过度关注员工可能导致员工的压力增加，从而影响他们的工作表现，甚至可能让员工反感，造成负面影响。

3.1.3　心理摆效应：曾经多开心现在就可能多失落

1 我最近为了激励团队成员，采用了很多激励手段，员工兴奋得无以复加，可一段时间后我发现效果并不理想，员工反而出现了消极情绪，这是为什么呢？

2 这可能是因为存在心理摆效应。在员工情绪高涨并达到顶点后，员工可能会出现消极情绪。

3 什么意思？我不太明白。

4 举个例子，比如你曾经觉得一个人非常优秀，对其寄予厚望，但后来发现这个人并没有想象中那么优秀，感到特别失落。实际上这个人不好也不差。

5 原来如此，那我应该怎么避免心理摆效应呢？

6 我们可以适当调节员工的情绪，避免员工出现过于激动或消极的情绪。

● 问题拆解 ●

　　俗话说，"期望越大，失望就可能越大"。人们在感受到欢愉之后，也许不久就会感受到忧愁。人的情绪在达到极点后，有转向相反方向的倾向。稳定团队成员的情绪能够避免成员出现极端情绪。

● 心理效应 ●

心理摆效应（Psychological Pendulum Effect）是指在特定背景下，人的情绪在到达极点后，很容易转向相反的情绪状态。心理摆效应的成因是人的心理的补偿机制和平衡机制在发挥作用。

例如和朋友聚会时有多快乐，孤身一人时就可能有多冷清；出去玩的时候有多开心，恢复日常时就可能有多枯燥。

在团队管理中，员工的情绪可能因激励措施、工作压力、团队氛围等因素而波动。若员工的情绪很高涨，例如过于兴奋、高度期待等，一段时间后他们就可能会出现与之相对立的情绪状态，如失望、沮丧。

团队管理者需要关注员工的情绪波动，并采取适当的措施来稳定员工的情绪，避免心理摆效应对团队管理产生负面影响。

心理摆效应对团队的 4 类影响

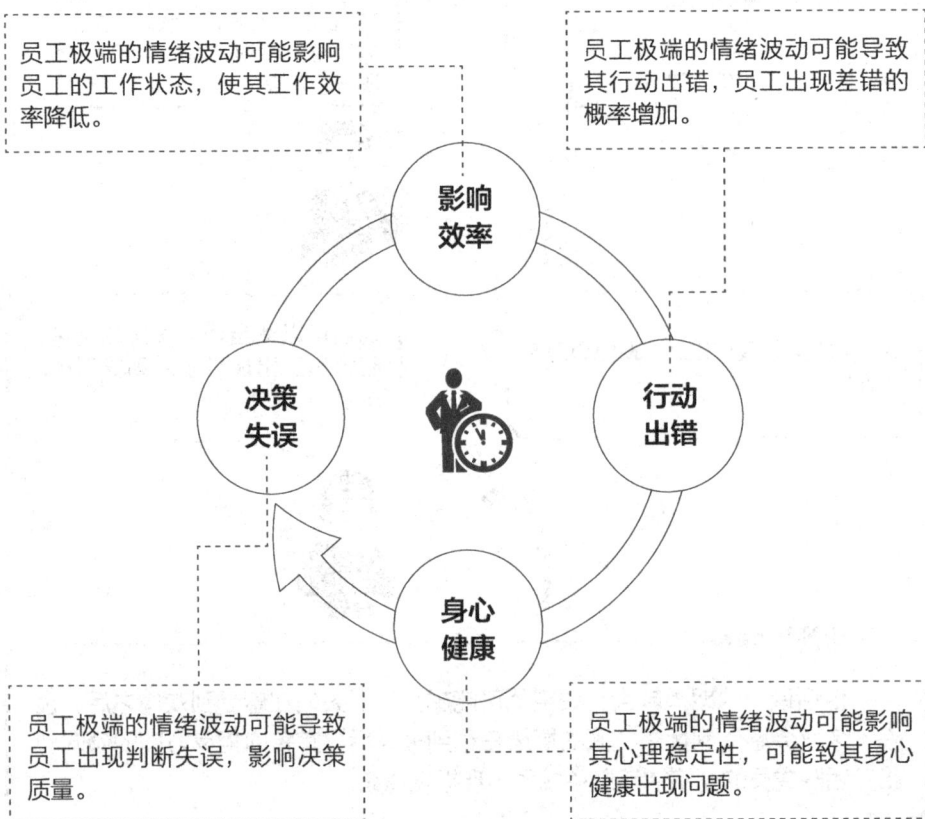

员工极端的情绪波动可能影响员工的工作状态，使其工作效率降低。

员工极端的情绪波动可能导致其行动出错，员工出现差错的概率增加。

影响
效率

行动
出错

决策
失误

身心
健康

员工极端的情绪波动可能导致员工出现判断失误，影响决策质量。

员工极端的情绪波动可能影响其心理稳定性，可能致其身心健康出现问题。

基于心理摆效应
团队管理者要注意的 4 类问题

设置合理的目标和期望

设置合理的目标和期望，避免员工在兴奋之后迅速陷入失望。在员工表现出消极情绪时，要及时引导并提供支持，帮助他们走出情绪低谷。

适度激励

采用适度的激励措施，避免过度激发员工的情绪，引发情绪波动。了解员工的心理承受能力，针对不同个体采取个性化的激励措施。

关注情绪

观察员工在不同情境下的情绪状态，了解他们的情绪波动规律。在关键节点，如项目交付、绩效评估等时期，要特别关注员工的情绪变化。

心理疏导

注重员工心理健康，提供心理辅导和支持，帮助员工应对压力和情绪波动。对员工进行情绪管理培训，提高员工的心理韧性，提高员工应对情绪波动的能力。

● 小贴士 ●

建立有效的反馈机制，让员工了解自己的情绪状态及其对工作的影响。帮助员工构建良好的心理调节机制，有助于减少心理摆效应对其造成的负面影响。还可以鼓励员工采取健康的生活方式，如锻炼、冥想等，以减少情绪波动的影响。同时要尊重员工的个性和需求，给员工的情绪留空间，避免过度干预员工的情绪。

3.2 行为引导

团队管理者引导员工的行为，可以树立榜样、传递价值观、激发动力、促进沟通和提高绩效等，引导团队朝着正确的方向发展，实现团队的目标，提高团队的绩效水平，让团队更加高效和优秀。

团队管理者在实施行为引导时，可能用到的心理效应包括不值得定律（Unworthy Law）、标签效应（Label Effect）、酸葡萄效应（the Sour Grapes Effect）和安慰剂效应（Placebo Effect）。

3.2.1 不值得定律：敷衍了事的原因也许在这

1 我遇到一个问题。有些团队成员觉得某些任务不够重要，因此不太愿意投入精力去完成它们，这让我很困扰。

2 这种情况很可能是由不值得定律引起的。若人们觉得某件事情不值得做，他们往往不会全力以赴，导致工作质量和效率降低。

3 是的，我也注意到这个问题。但这些不太重要的任务积压过多，会影响到团队整体的工作进度。那么，我该如何应对这种情况呢？

4 你需要让团队成员明白，每个任务都有其价值，即使看似不重要，也可能对团队的整体运行产生影响。

5 我们团队内部总有人觉得任务分配不公平，觉得自己负责的工作任务不重要，或者对自己的工作任务提不起兴趣。

6 这种情况下你可以调整团队内的工作分配，让团队成员参与完成更符合他们兴趣和价值观的任务，提高工作积极性。

● 问题拆解 ●

　　人们在面对看似不重要的任务或自认为不值得做的事情时，容易产生消极心态，不全力以赴。这不仅影响个人的工作，还可能对团队整体产生负面影响。其实即使是看似不重要的任务，也可能对整体运行产生影响。

心理效应

不值得定律（Unworthy Law）是一种心理效应，指的是如果一个人认为某件事情不值得做，那么即使去做，也很可能敷衍了事或者做得不好。即人们在追求成就时，更倾向于投入精力去完成那些自认为值得去做的事情，而对于那些自认为不值得做的事情，往往会心生抵触情绪，缺乏足够的动力去完成。

心理学上，这个定律反映了一个人的自我概念和情感因素对行为决策的影响。当一个人的自我概念被负面评价所影响时，这个人往往会对自己的行为表现产生负面期待。同时，情感因素也会影响一个人的行为决策，当一个人对某个行为存在抵触情绪时，这个人很可能会选择避免或者不认真对待这个行为。

了解不值得定律的含义，避免不值得定律影响团队成员的工作态度，有助于提高团队的工作效率。

可能造成不值得定律的 4 种情况

1 工作安排

如果团队管理者将看似不值得做的任务分配给团队成员，则团队成员很可能会表现出敷衍和不重视的态度，从而影响任务的完成质量和时间。

2 只看结果

如果团队管理者只看重任务的完成度，而不关注任务的价值和重要性，那么团队成员可能会感到其工作成果不受重视，从而减少工作热情和降低投入度。

3 激励机制

如果激励机制只关注任务的完成度，而忽略任务的质量和价值，那么团队成员可能会产生错误的认知，认为只要完成任务就可以获得奖励，从而影响团队成员的工作表现和动力。

4 组织文化

如果组织文化忽视塑造价值观和使命感，只注重完成任务和赚取利润，那么团队成员可能会缺乏工作成就感，觉得工作没有意义，从而影响团队的凝聚力和稳定性。

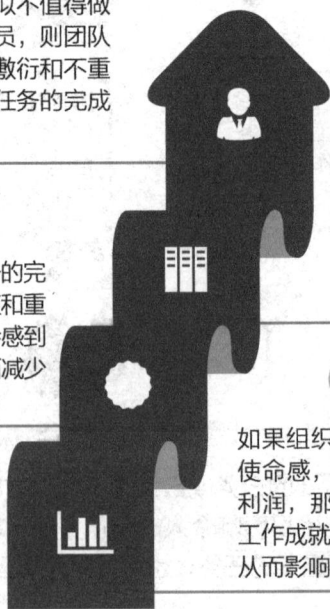

基于不值得定律
团队管理者要做好的 4 个关键事项

了解每个团队成员的职业规划和价值观，了解团队成员的心理需求，帮助他们找到其认为值得去做的事情，尽可能让他们参与到其认为值得做的事情中，激发和增大团队成员的工作热情和投入度。

了解成员

赋予意义

时刻关注团队的工作进度和氛围，及时调整工作安排和策略。赋予每个工作任务明确的意义和价值，让团队成员了解任务的重要性和对团队的贡献，增强和提高团队成员的工作动力和参与度。

公平合理

资源支持

尽可能公平地分配工作任务，避免让某个团队成员承担过多的其认为不值得做的任务，从而避免其产生不满和抵触情绪。即使是看似不重要的任务，也要设定明确的目标和期限，确保按时完成。

为团队成员提供足够的资源和支持，让他们能够顺利完成工作任务，避免因为缺乏支持而产生抵触情绪。倾听团队成员的意见和建议，了解他们对工作的需求和期望。

小贴士

当实际工作中出现不值得定律带来的负面影响时，团队管理者要及时调整策略，提高团队的士气和效率；及时给予团队成员反馈和激励，让他们感受到自己的工作成果被认可和重视，激发他们的工作积极性和成就感。

3.2.2 标签效应：用自我印象引导行为改变

1 我发现团队里有些员工的工作态度不积极，我应该批评他们这种"懒惰"或者"不负责任"的工作态度。

2 这种做法其实并不好，你这是在给员工贴标签，而且这些标签可能是不客观的。

3 有什么问题吗？我这是让员工知道自己的问题，从而改变消极态度。

4 给员工贴消极标签可能会导致他们出现自我印象管理，使他们的行为更符合你贴的消极标签，这种现象被称为标签效应。

5 哦，我明白了，那我应该怎么做呢？

6 你可以尝试给员工贴积极的标签，从而激发他们的积极性。同时，还要注意避免过度使用标签，以免造成负面影响。

● 问题拆解 ●

俗话说，"金无足赤，人无完人"。每个人都是多元的，每个人都有自己的优点和缺点。假如只盯着员工的缺点，用缺点来定义或指责员工，则可能让员工的行为更符合消极标签，而给员工贴积极的标签则可以激发他们的积极性。

心理效应

标签效应（Label Effect）指的是当某个人被贴上某种标签时，他会做自我印象管理，使自己的行为与被贴的标签相一致。

在团队管理中，运用标签效应可以提高员工的积极性。给员工贴上积极的标签，如"敬业""创新"等，可以激发他们的工作热情，提高工作效率。然而，给员工贴消极标签，如"懒惰""不负责任"等，可能导致他们的行为更加符合消极标签，从而影响团队氛围和工作效果。

标签效应在团队管理中的 4 点应用

激励
给员工贴上积极正面的标签，能给员工正面的心理暗示。这不仅可以提高员工的工作积极性，也能让员工规范自己的行为。

定位
鼓励员工正确认识自己，树立正确的自我定位，给自己贴上正确的标签，发现和发挥自己的优点，改正自己的缺点。

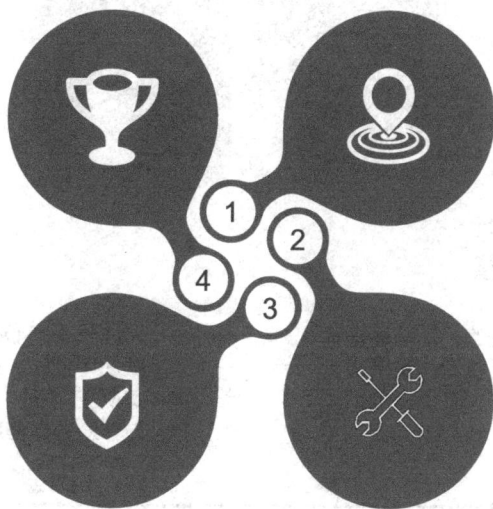

① ② ④ ③

目标
鼓励员工突破当前标签的限制，鼓励员工追求更高的目标。

纠偏
当员工对自己有负面评价，给自己贴上消极标签时，应及时帮助员工调整不合适的标签，确保员工能够积极地成长和发展。

基于标签效应
团队管理者的 4 点注意事项

**因人
而异**

贴标签时要因人而异，不要随意地贴标签，避免给不同的员工贴相同的标签。要了解员工的个性特点，贴合适的标签。

**客观
公正**

评价员工时注重员工的实际行为表现，不要仅凭印象评价员工，避免以偏概全，应给予员工全面、客观、公正的评价。

**适时
调整**

标签不是一成不变的，团队管理者要根据员工的发展状况和发展需求调整使用过的标签，并适时地给员工贴新的标签。

**避免
过度**

关注员工的心理状态，注意避免过度使用标签，或者给员工设定不切实际的标签，以免给员工带来压力，避免标签带来的负面影响。

• 小贴士 •

要有效使用标签效应，团队管理者就要提高自己的观察和判断能力，正确评价员工。在运用标签效应时，团队管理者要注意权衡利弊，与员工保持良好沟通，注意培养团队文化，创造有利于员工成长的环境，以确保标签发挥正面作用。

3.2.3　酸葡萄效应：解压的手段，行动的敌人

1 我发现在我的团队中，有些员工在无法达成某个比较难的目标时，总是找各种理由为自己开脱。

2 他们一般会找什么理由呢？

3 比较常见的理由是这个目标并不重要，就算达成了也没什么意义。他们还会举别人达成类似目标后也没怎么样的例子。

4 这种现象可能是酸葡萄效应引起的，一些人吃不到葡萄，就说葡萄是酸的，以谋求心理安慰。

5 我该如何应对这种心理现象呢？如何激励这些员工去面对挑战，而不是逃避现实呢？

6 可以了解员工的需求或期望，培养员工的抗挫折能力，帮助员工树立自信心，让他们相信自己有能力实现这些目标。

● 问题拆解 ●

　　当员工觉得某个目标难以实现时，他们可能会为自己找理由，说这个目标并不重要，就算达成了也没有太多意义，从而缓解挫败感。这是一种自欺欺人的心理状态，是员工面对挫折时的自我心理调节机制。

心理效应

酸葡萄效应是一种心理现象，源自《伊索寓言》（Aesop's Fables）中一篇名为"狐狸与葡萄"的寓言故事。一只口渴的狐狸走过一个果园，停在葡萄架前，想摘葡萄解渴，试了几次没成功，只好放弃了，它对自己说："我敢肯定它是酸的。"旁边的猴子说："我种的葡萄肯定是甜的。"说着便摘了一串吃了起来，吃得非常香。

当人们无法达成预期的目标时，可能会为自己找各种理由，例如说这个目标并不重要，从而缓解内心的挫败感。在团队管理中，酸葡萄效应虽然有助于员工进行心理调节，却可能会让员工不愿进行各种尝试，丧失行动力。

酸葡萄效应可能造成的 4 类危害

酸葡萄效应可能导致一些人对成功者或团队内比较优秀的同事的工作成绩给出负面评价，影响公平、公正。

酸葡萄效应产生的负面情绪可能影响团队内部同事之间的关系，造成同事之间关系紧张，不仅不利于安定团结，也不利于员工发展。

影响公平

影响关系和发展

产生负能量

降低效率

酸葡萄效应有时会产生嫉妒、不满、不屑等消极情绪，这些负面情绪容易影响团队成员，让团队产生大量的负能量。

酸葡萄效应容易让人的工作态度变得消极，造成行动力下降，不思考解决问题的方法，降低工作效率。

基于酸葡萄效应
团队管理者的 4 点注意事项

提升能力

提供培训和支持，帮助员工提高技能，增强员工的信心。培养员工的抗挫折能力，鼓励员工直面挫折，引导员工从失败中汲取教训。

设定目标

了解员工的需求和期望，确保他们的目标与团队的目标保持一致。定期回顾和调整目标，确保目标具有挑战性及可实现性。

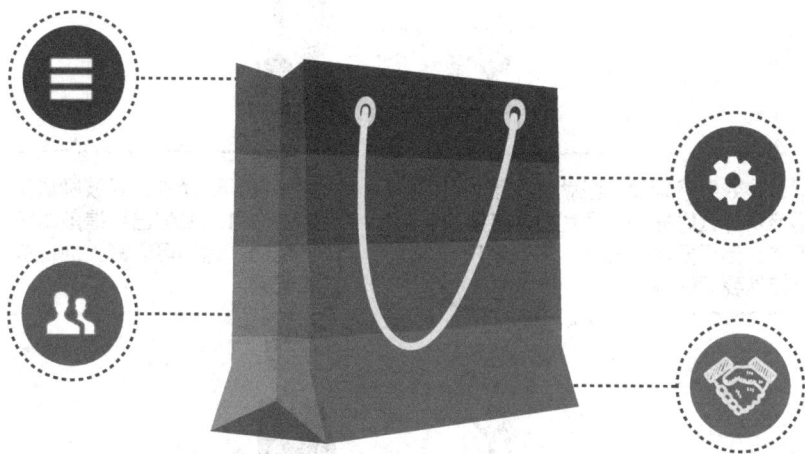

强调成长

强调个人成长和发展，让员工明白，即使目标没有达成，他们在实现目标的过程中也能获得成长。维护良好的团队氛围，提供心理支持，帮助员工应对挫折和压力。

表达认可

要有耐心和同理心，不要对员工的失败进行过度批评，而是要帮助他们分析原因，从中吸取教训，让员工看到自己的努力能够得到认可和能收获应有的回报。

● 小贴士 ●

人会因为对现状不满而产生行动力，但酸葡萄效应可能让人失去行动力。著名企业家稻盛和夫将人才分 3 类，分别是易燃型（自驱、行动力强）、可燃型（随指令而动，行动力中等）和绝缘型（很难被激励，行动力差）。其中有的绝缘型的人正是因为存在酸葡萄效应，而不容易因外部刺激而行动。

3.2.4 安慰剂效应：解决自信心不足的问题

1 我最近发现销售队伍中有些员工拜访客户时总害怕被客户拒绝，工作态度消极，不自信，整个团队的士气也因此受到影响。

2 你可以尝试鼓励一下这些员工，引导他们去拜访客户。

3 我试过，效果不明显。我就纳闷了，被拒绝有什么好怕的？我也经常被客户拒绝，但只要坚持做了，多数客户都会接纳我们的拜访。

4 你可以尝试换种方式鼓励员工。例如，你可以说你已经提前跟客户通了电话，这样可以减少他们被拒绝的概率。

5 我们的客户数量那么多，我哪有那么多时间为了鼓励团队成员行动去给每个客户都通电话？

6 不是让你真的与客户通电话，你这么说只是为了让员工安心，增强员工拜访客户的信心，起到安慰的作用。

● **问题拆解** ●

　　心态决定行为，行为决定结果。当一个人不相信自己能做到时，他的执行力和行动力就会减弱，最终很可能做不到；当一个人相信自己能做到时，其执行力和行动力会增强，就算最终没做到，也大概率会取得可观的成果。要让员工相信自己，管理者可以尝试采用安慰剂效应。

● 心理效应 ●

安慰剂效应（Placebo Effect）是由美国著名的医学家、麻醉师亨利·比彻（Henry Beecher）于 1955 年提出来的，指的是当病人被实施客观上的无效的治疗时，病人却因为主观上觉得治疗有效使病症得以缓解的现象。

安慰剂效应并非只在医学领域有所应用，生活中也常能见到安慰剂效应。例如一位父亲在教儿子骑车时，告诉儿子自己的手还把着后车座，让儿子勇敢往前骑，其实父亲已经放手了。在管理学的实践中，也可以应用安慰剂效应。

在团队管理中，运用安慰剂效应可以帮助员工树立信心，增加他们面对挑战的勇气。通过适时的鼓励和支持，管理者可以激发员工的潜能，提升整个团队的工作效率和凝聚力。

● 安慰剂效应可能产生的 4 点积极作用 ●

当人们对某个目标事件产生积极预期的时候，期望效应就会引导人们有意识或无意识地朝着这个目标事件的预期发展。

安慰剂效应能让人们紧张的心理得到一定程度的缓解，产生信任和正面期望，从而产生有助于解决问题的动力。

期望效应

正面期望

改善情绪

心理暗示

安慰剂效应可以改善人的情绪状态。当人们拥有安慰剂时，可能会感到更加安心、放松和乐观。这种积极的情绪状态有助于减轻负面情绪。

人们在面对困难和挑战时，容易受心理暗示的影响。专业人士传递积极的心理暗示会使人产生一种积极的心理状态，从而产生正面的行为动机。

基于安慰剂效应
团队管理者的 4 点注意事项

在团队会议或日常与员工的沟通交流中，团队管理者可以多运用积极的心理暗示，帮助员工树立信心。

团队管理者需要适度控制工作压力，避免给团队成员过多的工作压力和负担，引导他们在工作中保持平稳的心态和积极的态度。

积极
暗示

控制
压力

避免
过度

讲清
原理

适度的鼓励和支持是必要的，但过度应用安慰剂效应可能导致员工产生依赖心理，影响员工的自主性和判断力。

在团队管理中，管理者讲清楚工作原理，有助于员工达成目标。

● 小贴士 ●

与安慰剂效应相反的是反安慰剂效应（Nocebo Effect），指的是当病人不相信某种药能治病时，这个药通常无效。在团队管理中，反安慰剂效应表现为当人们不相信某个方案能解决问题时，这个方案也更容易无效。团队管理者一方面可以应用安慰剂效应帮助团队事半功倍，另一方面也要注意避免反安慰剂效应让团队事倍功半。

3.3　工作安排

　　团队管理者通过合理的工作安排，可以帮助团队成员明确任务和职责、合理分配资源、避免重复和遗漏、促进团队合作和提高工作满意度；可以更好地实现目标，提高团队的竞争力和市场影响力。

　　团队管理者在安排员工的工作时，可能用到的心理效应包括登门槛效应（Foot In the Door Effect）、让步效应（Concession Effect）和同体效应（Acquaintances Effect）。

3.3.1 登门槛效应：循序渐进地布置工作

1. 我发现有时候给员工分配工作任务真难，员工会觉得工作量大或者工作难度比较大，不愿意接受。

2. 如果一次性把工作量比较大或复杂的任务分配给员工，不仅会使员工比较难接受，而且可能影响工作的效率和质量。

3. 那我该怎么办呢？

4. 你可以尝试运用登门槛效应，先给员工分配相对容易完成的小任务，让他们逐步适应，然后再分配更难更大的任务。

5. 哦，我明白了，这样一来，员工在逐渐适应的过程中也能更好地提高自己的工作能力。

6. 是的，运用登门槛效应可以让员工在不知不觉中接受更难更大的任务，提高团队的整体工作效率。

● 问题拆解 ●

循序渐进是团队管理者给员工安排和布置工作任务的一种技巧。员工在完成小任务后会获得自信和成就感，并在逐步适应的过程中提升自己的能力，从而更容易接受更大的挑战。

● **心理效应** ●

登门槛效应（Foot In the Door Effect），又称得寸进尺效应，指的是人们在接受了一个小要求后，为了保持认知和前后表现的一致性，更容易接受更大的要求。

1966年，美国社会心理学家弗里德曼与弗雷瑟做了一个实验。他们寻找了一些家庭主妇，要求将一个小招牌挂在她们家的窗户上，很多家庭主妇答应了；过了段时间他们再次访问这些家庭主妇，要求将一个不美观的大招牌放在庭院里，结果有超过半数的家庭主妇同意了。

但他们随机找了另一些家庭主妇作为对照组，直接向她们提出要求将这个不美观的大招牌放在庭院里，只有不到20%的家庭主妇同意。

在团队管理中，登门槛效应可以帮助管理者更有效地分配任务，让员工更容易接受和适应工作任务，提高员工的工作效率和质量。除了工作安排之外，登门槛效应在营销领域的应用也比较广泛。

● **登门槛效应的4种应用方法** ●

从小任务开始
先给员工分配工作量比较小、相对容易完成的小任务，让员工产生自信心和成就感，再逐渐增大任务的工作量或难度。

兴趣引导
分配任务时关注员工的兴趣爱好，先给员工分配其感兴趣的工作，通过激发员工的兴趣让员工乐于接受更多相对无趣的工作任务。

擅长领域
优先给员工安排其擅长的工作，让员工能够快速上手，并得心应手，然后再给员工安排其不擅长的工作，逐步提高员工对任务的接受程度。

促进成长
先给员工安排需要基础技能的工作，再安排需要更高技能的工作，引导员工在应对挑战中不断提升能力，从而能应对未来更大的挑战。

应用登门槛效应的 4 点注意事项

考虑发展

在给员工分配工作任务时，要考虑员工的个人发展规划，给员工分配适合其个人成长和发展的工作任务，提高员工的工作满意度。

关注心态

关注员工的心理状态，避免因任务压力过大而导致员工情绪低落。与员工保持良好的沟通，让员工明白被分配工作任务的目的和意义。

持续鼓励

在员工完成任务的过程中，给予适当关注和鼓励，及时收集员工对任务的反馈，避免给员工带来过大的压力，提高员工的积极性。

激发潜能

不能只通过工作安排被动等待员工能力的提升，要适时对员工进行培训，提高员工应对复杂任务的能力，主动激发员工的潜能。

● **小贴士** ●

应用登门槛效应时，要注意：在分配任务时关注员工的心理状态和能力，留意员工的工作进展，适时调整任务分配策略；制定明确的任务目标，确保员工了解任务的要求和预期结果；营造积极向上的团队氛围，激发员工的潜能。

3.3.2 让步效应：让任务更容易被接受

1 我在分配工作任务时，如果一些比较艰难的任务要马上安排，来不及应用登门槛效应，应该怎么办呢？

2 你可以运用一种叫作让步效应的心理效应。

3 什么叫让步效应？

4 就是一上来先提出一个比你想安排的工作任务更难的工作，或者提出一个更高的目标，让员工感觉这种工作任务难以完成或目标难以达成。

5 这样的话，员工不是会更难以接受吗？

6 是的，然后你再提出你想安排的工作任务。这样员工就容易接受这个任务了。

● **问题拆解** ●

当团队管理者一上来就提出比较高的要求时，员工可能难以接受。但假如团队管理者先提出一个比想让员工接受的要求更高的要求，然后适时让步，提出想让员工接受的要求，员工则容易接受后提出的要求，而且这种做法还能提高员工满意度和工作效率。

● 心理效应 ●

让步效应（Concession Effect）又称反登门槛效应，指的是当一个人先提出一个较高的要求，然后再提出一个较低的同类要求时，这个较低的要求更容易被接受。

这种心理效应在团队管理中被广泛应用，例如在分配任务、制定目标和设定期望等方面。另外，让步效应可以帮助团队管理者调整员工的心理预期，从而提高员工的工作满意度和执行力。

● 让步效应在团队管理中的 4 点应用 ●

团队管理者在给员工分配工作任务时，可以先尝试分配高于团队管理者预期的工作任务，再提出团队管理者期望的工作任务。

团队管理者在与员工一起设定目标时，可以先提出高于团队管理者预期的目标值，再提出团队管理者期望的目标值。

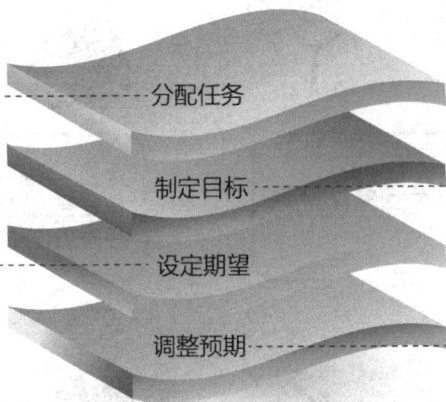

分配任务

制定目标

设定期望

调整预期

当团队管理者想表达对员工抱有某种期望时，可以先提出高于该预期的期望，再提出团队管理者的期望。

当员工对某事件有预期时，团队管理者可以先提出低于员工预期的条件，让员工产生失落情绪，然后再提出员工预期的条件。

团队管理者应用让步效应的
4 点注意事项

心理变化

在让步过程中，关注员工的心理变化，密切关注员工对让步策略的反应，以便及时调整策略，确保其有效性。

了解需求和期望

充分了解员工的需求和期望，以便制定合适的让步策略。

避免过度

频繁或过度的让步可能会损害员工的工作积极性。过度运用让步效应可能导致员工产生负面情绪，因此要把握好使用的频率。

保持灵活

根据员工和团队的实际情况，适时调整让步策略，保持一定的灵活性，确保让步策略的实施更符合员工实际情况，以达到最佳效果。

● 小贴士 ●

让步效应在团队管理中并非总是有效的。过度运用让步效应可能导致员工感受到过大的压力，甚至产生负面情绪。因此，在运用让步效应时，团队管理者要把握好度，注意与员工建立良好的沟通，关注员工的反馈，以免产生适得其反的效果。

3.3.3 同体效应：当心"自己人"的负面影响

1 我在分配任务时，总倾向于给与我关系较好的员工更多的机会和挑战，因为我觉得他们更容易接受我的建议，我们之间更容易达成共识。

2 你的想法可以理解，但这其实反映了同体效应。虽然这样做工作容易开展，但可能导致团队内部不公平和士气低落。

3 我也觉得这样做好像不太好，但又说不上来哪里不对。

4 当我们倾向于信任和接受与自己有共同点或关系较好的人时，可能会忽视其他员工的能力和需求。

5 那我应该如何避免同体效应呢？

6 在分配任务和机会时，要尽量客观、公正地评估员工的能力和发现其需求，而不是仅仅根据你与他们的关系来分配。

• 问题拆解 •

"打虎亲兄弟，上阵父子兵"，把任务分配给"自己人"确实容易开展工作，但假如团队管理者过度依赖"自己人"，明显偏向"自己人"，把机会和成绩都给了"自己人"，可能会导致团队内部不公平和团队士气低落。

● 心理效应 ●

同体效应（Acquaintances Effect），也叫自己人效应，是指人们更信任熟人或与自己有共同点的人，更容易接受同类人的心理现象。别人越喜欢你，你的意见就越容易让别人接受；别人越觉得自己与你相似，越容易接受你安排的工作任务。

同体效应有助于团队管理者将工作更轻松地布置下去，有助于工作任务得到更高效地执行。但这也可能导致团队管理者偏向于把任务和机会分给自己熟悉的员工，忽视其他员工的付出和需求，进而导致团队内部不公平，可能造成员工离职，从而影响团队士气和整体绩效。

● 避免同体效应负面影响的 4 个关键举措 ●

客观、公正地评估员工。在分配任务和提供机会时，要根据员工的能力、表现和需求进行评估，而不是仅根据与他们的关系。

建立公平、透明的分配制度，制定明确的任务分配和晋升机制，确保所有员工都有平等的机会获得成长和发展。

客观公正

公平透明

人际关系

平均沟通

建立多元化的人际关系，扩大自己的社交圈，与有不同背景和经验的员工保持联系，不与某类或某个员工走得太近。

与团队成员保持平均的、多元的沟通，了解他们的需求和期望，确保所有团队成员都能表达自己的意见和建议。

基于同体效应
团队管理者的 4 点注意事项

尽管与熟人合作可能更容易开展工作，但过度偏向熟人可能导致其他员工感受到不公平，影响团队士气。确保团队成员之间的关系平衡，避免团队分裂。

评估员工时，尽量使用客观、量化的评价标准，以减少同体效应对决策的影响。确保团队成员在任务分配和晋升中获得公平。

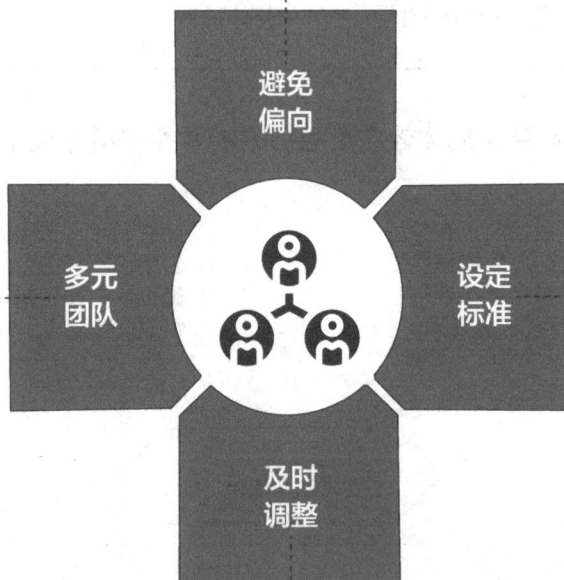

避免
偏向

多元
团队

设定
标准

及时
调整

要支持团队成员的多样性，尊重不同的观点和建议，采用不同的管理风格，满足不同员工的需求，维护团队和谐，促进团队创新和发展。

当管理者发现自己的决策受到同体效应影响时，要及时调整，以确保团队的利益不受损害。必要时尝试调整管理风格，提高团队整体效能。

● 小贴士 ●

团队管理者在分配工作任务时，要做到一碗水端平。如果总是给那些和自己走得近的人分配比较简单的任务，可能会被其他团队成员认为有所偏袒。

04

员工沟通

与员工充分沟通可以帮助团队管理者更有效地传递信息和指令，促进团队合作，提高员工满意度，以及改进工作流程；可以帮助团队管理者了解员工的想法和需求，发现工作中的问题和矛盾并及时予以调整和改进，提高团队的工作效率和增加团队产出。

4.1 拉近距离

通过拉近与员工之间的距离，团队管理者可以建立与员工之间的信任，了解团队成员，提升沟通效果，促进团队合作和提高员工满意度，让员工感到被关心和尊重，从而使其更愿意为团队贡献自己的力量。

团队管理者在拉近与员工之间的距离时，可能用到的心理效应包括邻近效应（Proximity Effect）、富兰克林效应（Franklin Effect）和出丑效应（Pratfall Effect）。

4.1.1　邻近效应：这样做可以增强亲近感

1　我觉得自己在团队中好像并不受欢迎，很多团队成员似乎都对我没什么好感。

2　这也许是因为你和大家不亲近，你们之间产生了距离感。

3　我注意到这个问题已经影响了团队内部的沟通，我该怎么和大家亲近呢？

4　你可以运用邻近效应，有效改善与团队成员之间的关系。

5　邻近效应？我不太了解，请你详细解释一下。

6　人们倾向于与经常能见到的人建立关系，你可以多和员工接触与沟通，这样你和员工的关系自然而然就改善了，员工也自然会对你产生好感。

● 问题拆解 ●

　　在人际交往中，人们更喜欢和与自己走得近的人交朋友。团队管理者如果较少与员工接触，缺乏与员工沟通，可能给员工一种生人勿近、高高在上的感觉。这种上下级之间的疏离感可能让员工对工作产生消极态度，导致工作效率降低。

心理效应

邻近效应（Proximity Effect）是指人们倾向于与距离近、接触频繁的人建立较为亲密的关系。

在团队管理中，邻近效应可以用于改善团队管理者和团队成员之间的关系，让彼此更亲近，增进彼此之间的友谊，有助于建立良好的团队氛围，提高团队内部的沟通效率。

除此之外，运用邻近效应还有助于拉近团队成员之间的距离，通过提高成员间相互接触的频率使团队关系更紧密，从而提升沟通效果。

邻近效应引发好感的 4 个原因

人与人之间的频繁接触能够产生亲近的感觉，久而久之甚至可能产生一种惯性，见不到对方反而觉得不习惯。

人们会对与自己相似的人产生好感，重复地接触、频繁地交流沟通可以使人们发现彼此之间的诸多相似之处。

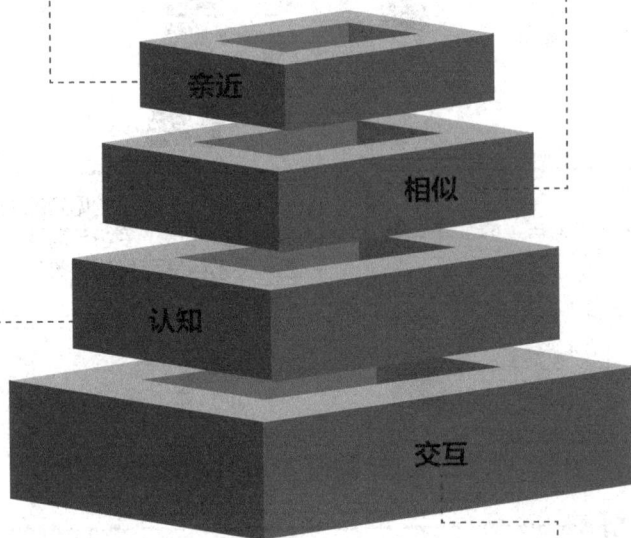

亲近

相似

认知

交互

长时间的交流沟通能加深彼此之间的了解，让人们的认知趋同，甚至在三观上相互影响，使得三观变得逐渐一致。

长时间的接触可能促使工作或生活交互，彼此协作、相互照应，事物共享、难题共担，使得人们容易产生信任感。

邻近效应在团队管理中的 4 种应用

空间布局
优化团队的办公空间布局，使团队成员之间的办公距离适中，便于团队成员沟通与交流。减少办公桌之间的隔挡，避免团队成员产生隔阂感。

工位调整
每隔一段时间对工位进行调整，使团队成员之间的沟通效果更好。团队管理者可以和团队成员一起办公，其办公位置可以处在团队中间。

团队活动
了解团队成员的兴趣和爱好，定期组织团队活动，增加团队成员互相接触的机会，促进团队成员之间的非工作性交流。

鼓励分享
鼓励团队成员在工作中多交流与分享，建立良好的沟通氛围。提倡以问题为导向的沟通模式，鼓励团队成员提出建设性意见。

● **小贴士** ●

　　运用邻近效应能够促进团队沟通，增强团队凝聚力。但团队管理者在应用邻近效应时要注意保持团队成员之间的距离适度，避免出现过度亲密的情况，防止职场关系混乱，避免团队成员觉得自己和团队管理者关系亲密而变得懈怠或懒惰。

4.1.2 富兰克林效应：主动示弱，增进友谊

1. 最近我在尝试改善我与团队成员间的关系，我想通过主动帮助他们来达到这个目的。你觉得这样做有效吗？

2. 这种做法有一定的效果，但如果你想让团队成员更喜欢你，让他们帮助你可能更有效。

3. 啊？我没弄明白，为什么呢？

4. 这应用了富兰克林效应。与别人建立良好关系的方式不只是帮助别人，还有请别人来帮助我们。

5. 哦？这么说，让团队成员帮我，他们和我的关系会更好吗？

6. 是的，当你让团队成员帮助你时，他们会更喜欢你。利用这一心理效应，你可以与团队成员建立良好关系。

● 问题拆解 ●

　　人们倾向于保持前后行为的一致性，假如张三帮助过李四，他会不自觉地在心中产生对李四的认同感，也更倾向于再次帮助李四。所以当你要与别人建立人际关系时，可以尝试请别人帮助自己，这样他们可能会更喜欢你。

● 心理效应 ●

富兰克林效应（Franklin Effect）来自一个关于美国的开国元勋本杰明·富兰克林（Benjamin Franklin）的故事。

富兰克林在担任宾夕法尼亚州议会秘书后，想获得一名国会议员的支持，但又不想卑躬屈膝地向对方示好。

一次偶然的机会，富兰克林得知这个议员收藏了一本罕见的书，于是写信想借阅这本书。议员收到信后，就派人把书给富兰克林送来。

富兰克林还书时特地写了一封感谢信。之后一次国会中，这名议员竟主动向富兰克林示好，两人从此结识，成了好朋友，而且这份友谊持续了一生。

简而言之，富兰克林效应是指当人们期望别人和自己的关系更亲近时，可以采用寻求别人帮助的方式。那些帮助过我们的人，很可能会更喜欢我们，也更愿意帮助我们。

在团队管理中，富兰克林效应可以用来加强团队凝聚力、增强团队成员间的信任感。

富兰克林效应的 3 种应用

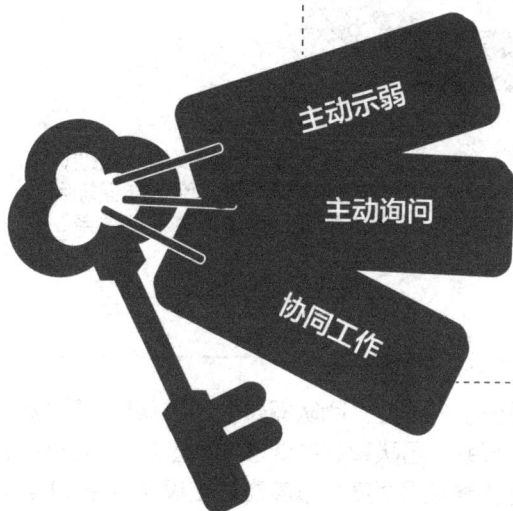

主动示弱

在需要帮助时，不要犹豫，尝试向团队成员求助。主动请教团队成员问题，让他们感受到自己的需求。

主动询问

询问团队成员是否需要帮助，及时为需要帮助的团队成员提供帮助。

协同工作

刻意安排团队成员间工作的相互协作关系，鼓励团队成员间相互帮助。

应用富兰克林效应的 4 点注意事项

应用富兰克林效应要适度，避免过度依赖团队成员。注意团队成员间的任务量平衡，避免让某些成员承担过多任务。

求助时要保持真诚和坦诚，不要让团队成员产生团队管理者刻意为之的感觉，避免虚假求助或滥用他人的善意。

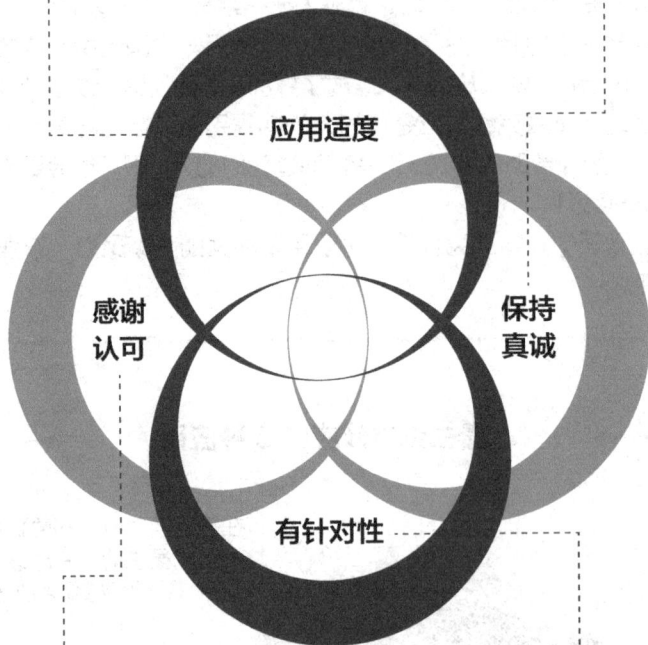

应用适度

感谢认可

保持真诚

有针对性

在接受他人的帮助后，要表达诚挚的感谢。给予团队成员合适的回报和认可，激发他们的积极性和动力。

有针对性地向团队成员寻求帮助，不仅能解决实际问题，而且能锻炼团队成员的能力，还能增进彼此关系，一举三得。

• 小贴士 •

富兰克林效应为团队管理者提供了一种提升团队凝聚力和改善与团队成员间关系的思路。通过适当地寻求帮助，团队管理者能够与员工建立更紧密的联系。应用富兰克林效应时，要注意使用适度、态度真诚和权益平衡，以确保团队成员感受到尊重和关爱，从而共同推动团队发展。

4.1.3 出丑效应：有小缺点反而招人喜欢

1 我一直觉得身为团队管理者，我只有表现得完美，才能赢得员工的尊敬和信任。

2 有这种想法可以理解，很多团队管理者都希望在员工心中保持完美形象。但实际上这种想法并不完全正确。

3 啊？我不太理解，请具体讲讲。

4 一个整体非常优秀，但有小缺点的管理者比一个完美无瑕的管理者更容易受员工喜欢和信任，而且和员工更亲近。

5 真的吗？我以为只有表现完美，才能让员工信任我。

6 这运用了出丑效应。适度展示某些小缺点，会显得你更真实，这种真实感能帮助你更好地赢得员工信任。

● **问题拆解** ●

　　"金无足赤，人无完人"，每个人都不可能完美无缺，在团队管理中，团队管理者展示一个完美无瑕的形象可能会给员工一种疏离感。适当地展示一些小缺点，会让团队管理者更加接地气，更容易获得员工的信任和支持。

●— 心理效应 —●

出丑效应（Pratfall Effect）也叫犯错误效应或仰巴脚效应，是指一个优秀的人在犯小错误时，人们对他的好感会增加，因为这让他显得更真实可信。

美国社会心理学家埃利奥特·阿伦森（Elliot Aronson）曾经做过一个实验，他给受试者看了 4 段类似的访谈录像：第 1 段录像展示了一个优秀的成功人士，他看起来完美无瑕，非常自信，侃侃而谈；第 2 段录像同样展示了一个优秀的成功人才，但他表情羞涩，神情紧张，甚至不小心碰倒了咖啡杯，把主持人的裤子淋湿了；第 3 段录像展示了一个普通人，他表现不紧张，却也不出彩；第 4 段录像也展示了一个普通人，他的表现与第 2 段录像中的成功人士类似，也碰倒了咖啡杯，淋湿了主持人的裤子。当被问及最喜欢这 4 段录像中的哪个人时，95% 的受试者选择了第 2 段录像中的人。

对团队管理者来说，出丑效应意味着管理者不必刻意追求完美，而是要展示一个真实、可信的形象。有一些无伤大雅的缺点反而能让管理者更接地气，更容易与员工沟通，也就能更好地赢得员工的信任和支持。

●— 有小缺点比完美无缺更招人喜欢的 4 点原因 —●

人都有缺点，若某个人看起来只有优点没有缺点，则会让他人感到认知失调，出现认知上的缺失感。

当一个人给人的印象是他只有优点时，会让人产生一种不真实感，一种虚假感，而非真实认同。

认知协同

真实认同

拉近距离

印象完整

生活中，强者往往容易给人一种高高在上的感觉。而有某个小缺点的人会让人感觉更"弱"，容易与周围人拉近距离。

人们能意识到自己的缺点，能感知亲近的人的缺点，但当人们感知不到某人的缺点时，对他的印象就不完整了。

基于出丑效应
团队管理者的 4 点注意事项

不要刻意追求完美，要展示真实的自己，让员工感受到诚意。参与团队活动，与员工共同解决问题，展示出团队精神，让员工感受到团队管理者接地气。

勇于承认自己的错误，接受他人的批评和建议，展现出成长和进步的决心。不断提升自己的能力和素质，让员工看到团队管理者的改变和进步。

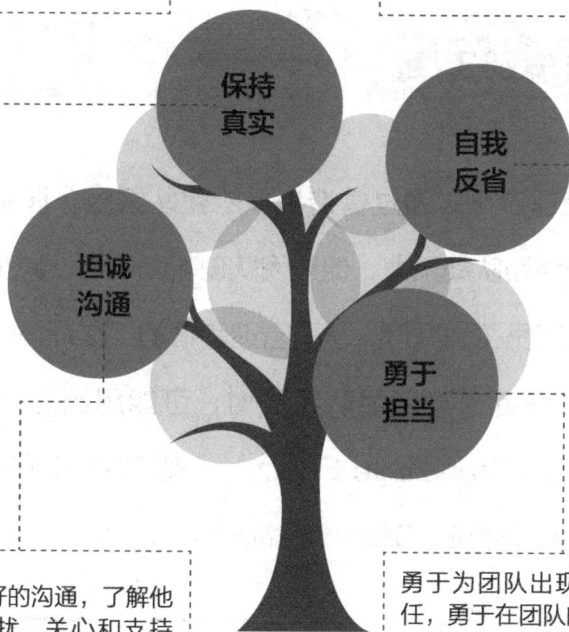

保持
真实

自我
反省

坦诚
沟通

勇于
担当

与员工保持良好的沟通，了解他们的需求和困扰，关心和支持员工。鼓励员工提出意见和建议，展现出乐于听取不同声音的态度。

勇于为团队出现的错误承担责任，勇于在团队的错误中找出自己的问题，让员工看到团队管理者有勇气，有解决问题的能力和决心，从而获得员工的信任和尊敬。

● 小贴士 ●

团队管理者在适当场合透露一些自己无伤大雅的小缺点，使员工感受到真诚和可靠，能让员工觉得团队管理者并非高高在上，可以帮助管理者提高信任度、增强团队凝聚力，从而建立更为稳固的团队关系。

4.2 营造氛围

团队管理者可以通过营造积极的团队氛围，提高员工的工作效率、增强团队凝聚力、促进团队创新和改进、减少冲突和矛盾，以及提高员工满意度，从而营造和谐的工作环境。

团队管理者在营造团队氛围时，可能用到的心理效应包括超限效应（Transfinite Effect）、刺猬效应（Hedgehog Effect）和缄默效应（Silence Effect）。

4.2.1 超限效应：过犹不及，欲速则不达

1 有段时间我为了加强与员工的交流，每天都会找员工谈话，但我发现这样做了一段时间后，好像起到了反作用。

2 具体有哪些表现呢？

3 我发现本来员工并不讨厌我，我刚开始和他们沟通时，效果似乎不错，但频繁沟通久了，他们反而慢慢开始讨厌我了。

4 这可能是因为你的沟通给员工带来了过多压力，出现了超限效应。

5 为什么会这样呢？我明明抱着善意在和员工沟通。

6 每个人对不同的事物都有一定的心理耐受力，当某事超过心理耐受力的阈值时，人就会感到厌烦，好事也可能变成坏事。

● 问题拆解 ●

　　俗话说"过犹不及""欲速则不达"，凡事都有度，要懂得恰如其分、适可而止。当一个人接受的刺激过多、过强或作用时间过久时，其大脑会逐渐适应这些刺激，之后随着刺激持续增加，大脑会进入饱和状态，最后人将产生逆反心理或不耐烦情绪。

● 心理效应 ●

超限效应（Transfinite Effect）是指当人们承受的压力过多、刺激过强或持续时间过长时，会极度不耐烦或产生反抗情绪的心理效应。

例如，某人听一场慈善演讲，本来想要捐款，结果因为演讲者长篇大论、啰唆，听到一半就不耐烦地离场了；某人一直听同一首歌，一开始可能觉得好听，但听多了就听腻了；老师批评一个学生，刚开始学生可能欣然接受批评，如果老师一直批评学生，学生则会产生逆反心理。

在团队管理中，团队管理者对员工施加的刺激要保持在一个合理范围内。这里的刺激可以是沟通时间、激励措施、工作压力、表扬或批评等。刺激适度能够提高员工的工作效率，刺激过度则可能导致员工心理负担加重，影响团队的稳定和发展。

● 产生超限效应的 4 个原因 ●

人们接受的刺激过多时，大脑会逐渐适应这些刺激。这时候刺激再增加，大脑会进入饱和状态。

当人们承受过多压力刺激时，情绪可能会变得更加敏感，会更加关注自己的感受和反应。

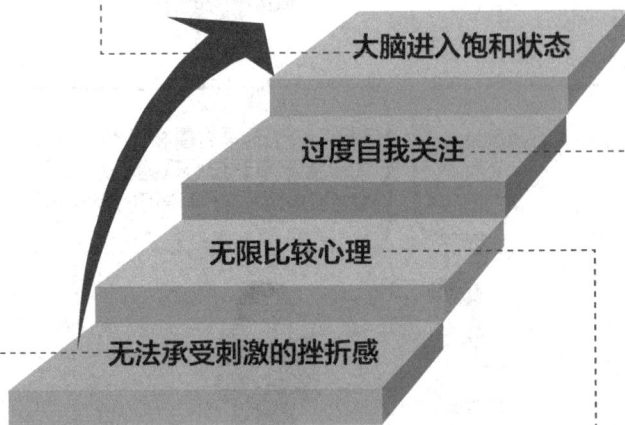

大脑进入饱和状态

过度自我关注

无限比较心理

无法承受刺激的挫折感

人们接受的刺激过多、过强或刺激的持续时间过久时，可能会因自己的无能为力而产生一种无法承受刺激的挫折感，从而产生强烈的逆反心理。

人们接受的刺激过多时，会开始进行无限比较，将自己的现状与其他人或其他事物进行比较，从而产生强烈的不满和焦虑。

基于超限效应
团队管理者的 4 点注意事项

了解并掌握员工的心理状态和需求，适时给予刺激，但不要过度刺激，以免引起员工的不耐烦或逆反情绪。

关注员工的心理状态，定期开展心理健康活动，帮助员工减轻心理负担。合理安排工作任务，确保员工的工作负荷适中，避免给予员工过度压力。

适度刺激

心理健康

给予帮助

学会倾听

积极倾听员工的意见和建议，尊重员工的个性和需求，给员工充分的空间和自主权。营造轻松、和谐的工作氛围，有利于员工减轻心理负担。

给予员工充分的支持和帮助，包括提供必要的资源、信息和工具，解决困难和问题。

● 小贴士 ●

　　有的时候人们基于好意做出某种行为，却最终取得了坏的结果。善意也是有限度的，超出了合理范围，就算出发点是好的，也可能给团队造成不良影响。团队管理者要关注和评估员工的心理状态，及时调整管理策略。

4.2.2 刺猬效应：保持最佳距离

1 我发现团队成员之间的关系有时候太过亲密会导致工作出现一些负面问题。

2 你提到的问题可以运用刺猬效应解决。

3 刺猬效应是什么意思？

4 刺猬效应就是指人们应当在人际交往中保持适当的心理距离。过于亲密的关系可能会导致团队成员在工作中丧失原则。

5 确实，那我应该怎么在团队管理中应用刺猬效应呢？

6 你需要平衡团队成员间的关系，让他们在保持良好的沟通与合作的基础上，保持一定的独立性和专业性。

◆ 问题拆解 ◆

　　人际交往中虽然要保持亲密，但也要保持适当的距离。团队成员之间的相处也是如此，团队成员在保持亲密关系的同时，也要注意保持适当的心理距离，避免过度亲密导致工作出现问题。

● 心理效应 ●

刺猬效应（Hedgehog Effect）也叫距离效应，指在人际交往中，只有保持适当的距离才能维持和谐的关系。这里的距离既可以指一种虚拟的距离，又可以指实际的距离。

刺猬效应来自一则寓言故事：在寒冷的冬天里，两只刺猬抱在一起相互取暖，但由于靠得太近，彼此的刺扎到了对方。后来它们调整了姿势，拉开了距离，这样不仅能相互取暖，也能保护对方。后来刺猬效应被广泛地应用在人际交往中。

团队管理者在保持团队凝聚力的同时，要避免因过度亲密导致纪律不严、决策失误等问题。通过运用刺猬效应，团队管理者可以在团队成员之间实现亲密与独立、合作与竞争之间的平衡。

团队管理者与员工要保持的 3 类距离

团队管理者虽然要保持亲和力，但也要和员工保持一定的心理距离。如果团队管理者与员工的关系过于亲密，就容易公私不分，丧失原则。

团队管理者和员工在物理空间上也要保持一定的距离。人类与动物一样都有领地意识，当人和人的身体靠得太近时，容易产生空间侵犯感。

心理距离

空间距离

时间距离

时间就是生命，每个人都有属于自己的时间。随意占用别人的时间，可能会影响别人的正常工作或生活，是对他人生命的不尊重。

基于刺猬效应
团队管理者的 4 点注意事项

既要观察自己与团队成员的关系，又要观察团队成员间的关系，关注团队成员之间的互动，了解团队成员之间的距离是否合理。

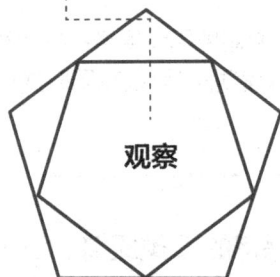

既要保持自律，又要促使团队成员自律。为团队的行为和人际交往设定边界和原则，鼓励团队成员做好自我管理。

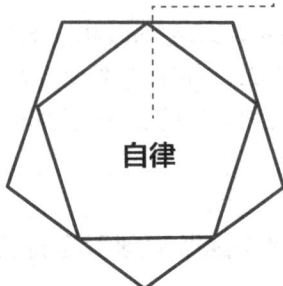

观察

自律

复盘

规范

定期在团队内部进行问题反馈，确保团队成员之间的关系和工作状态保持在一个合理水平。及时发现问题，并迅速做出调整改变。

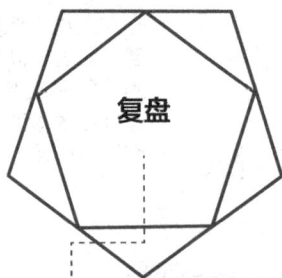

确立团队的行为规范，明确团队成员的职责和权利，让他们在工作中保持独立性和专业性，避免因过度亲密导致纪律松弛。

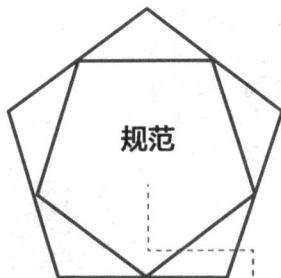

● **小贴士** ●

正确应用刺猬效应，要注意 3 个关键词：适度、恰当和平衡。在处理事务时，不偏激，不走极端，保持事务的稳定性，以调和而折中的态度把握好分寸，这样才能取得好的结果。

4.2.3　缄默效应：强压可能招致沉默

1 我最近发现，每当我要求团队成员汇报项目进度时，他们似乎都不太愿意说实话，只给出一些模棱两可的回答。

2 为什么会这样呢？

3 也许是因为他们害怕让我失望或者受到批评吧，所以选择保持沉默或者提供不完整的信息。

4 哦，原来如此，这种现象被称为缄默效应。

5 如何避免缄默效应呢？

6 你需要建立一个积极的沟通环境，尝试以更加开放的方式与他们沟通，避免过于严厉或指责。

● **问题拆解** ●

　　严厉的团队管理者能够带来较强的执行力，但同时也可能带来团队成员的沉默。但团队管理者的严厉和团队成员的沉默并非必然的因果关系，为避免团队成员沉默以对，团队管理者要定期评估和调整沟通策略，确保团队内部沟通渠道畅通。

● 心理效应 ●

缄默效应（Silence Effect）是指当人们害怕表达自己的想法或情感时，可能会选择保持沉默或提供不完整的信息。在人际交往中，由于害怕权威、遭受批评或者降低自身价值，人们倾向于保持沉默，避免说出真实想法和信息。

导致团队中出现缄默效应的因素往往是外部的强制手段，员工担心受到上级的批评或惩罚。为了避免这种情况，团队管理者需要营造一个积极的沟通环境，鼓励员工诚实地表达自己的想法和需求。

在团队管理中，缄默效应可能会导致信息流通不畅，团队决策失误；员工缺乏创新和主动性，团队绩效不佳；沟通不畅，团队内部矛盾加剧和员工满意度降低。

产生缄默效应的 4 个原因

人们往往会对权威人物产生敬畏感和恐惧感，担心自己因自己的观点或行为受到批评或惩罚，从而自我审查和沉默。

个体在社会交往中，往往希望获得他人的认同和被他人接纳。为了避免触犯他人，人们会选择不表达与主流观点相悖的意见。

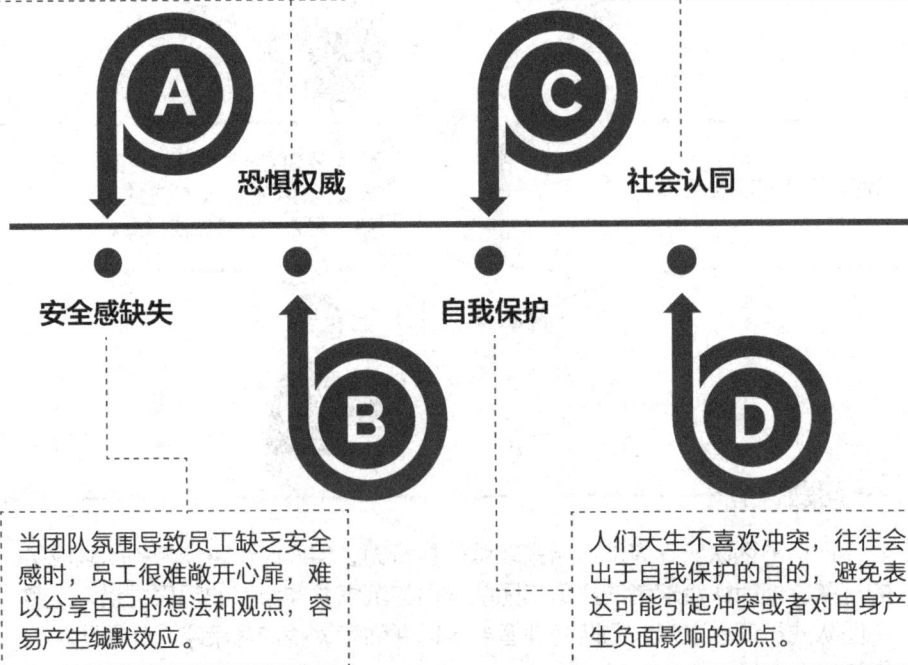

A

恐惧权威

C

社会认同

安全感缺失

自我保护

当团队氛围导致员工缺乏安全感时，员工很难敞开心扉，难以分享自己的想法和观点，容易产生缄默效应。

B

人们天生不喜欢冲突，往往会出于自我保护的目的，避免表达可能引起冲突或者对自身产生负面影响的观点。

D

基于缄默效应
团队管理者的 4 点注意事项

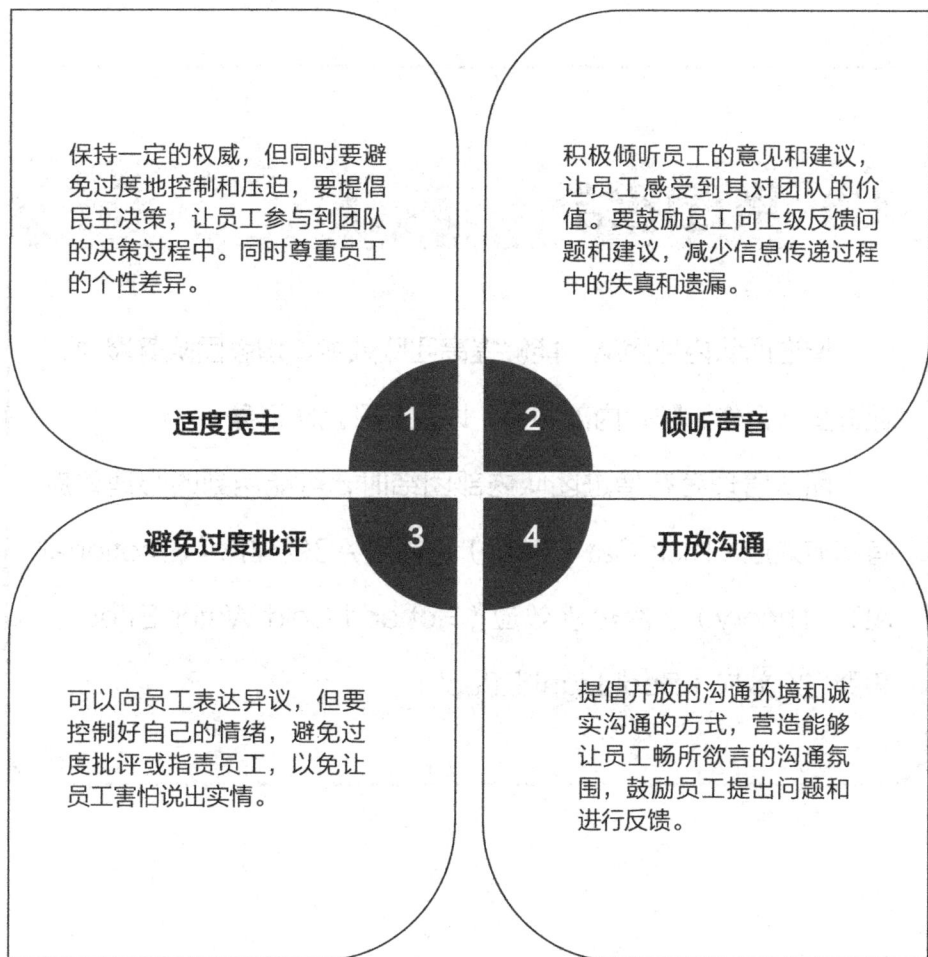

保持一定的权威，但同时要避免过度地控制和压迫，要提倡民主决策，让员工参与到团队的决策过程中。同时尊重员工的个性差异。

积极倾听员工的意见和建议，让员工感受到其对团队的价值。要鼓励员工向上级反馈问题和建议，减少信息传递过程中的失真和遗漏。

适度民主　1　2　**倾听声音**

避免过度批评　3　4　**开放沟通**

可以向员工表达异议，但要控制好自己的情绪，避免过度批评或指责员工，以免让员工害怕说出实情。

提倡开放的沟通环境和诚实沟通的方式，营造能够让员工畅所欲言的沟通氛围，鼓励员工提出问题和进行反馈。

• 小贴士 •

团队管理中，产生缄默效应的主要原因是团队管理者给团队成员施加的压力过大。要从根本上解决这个问题，团队管理者就要选择合适的沟通方式，把舞台留给团队成员，让团队成员更愿意分享真实情况。

4.3　增进团结

增进团队内部团结，能够提高团队效能、增强团队凝聚力、促进团队合作、防止内部冲突，以及提升团队形象。

团队管理者在增进团队内部团结时，可能用到的心理效应有踢猫效应（Kick Cat Effect）、情绪 ABC 理论（Emotional ABC Theory）、冷热水效应（Hot and Cold Water Effect）和聚光灯效应（Spot Light Effect）。

4.3.1　踢猫效应：别把坏情绪传递给他人

1

我今天在开会时，因为一个小错误受到了上级的批评。我回到办公室后情绪不好，就对手下的员工发火了。

2

这种行为其实是踢猫效应。

3

踢猫效应？什么意思？

4

就是你把自己因受到批评而产生的坏情绪转嫁到了手下员工身上。

5

我明白了，我应该学会调整自己的情绪，避免将负面情绪传递给下级员工。

6

没错，负面情绪可能会导致团队氛围恶化，让员工情绪受到影响，进而影响团队的整体表现。

● **问题拆解** ●

　　坏情绪是可以传递的。若某人出现了坏情绪而没有及时控制，则可能将这种坏情绪传递给别人；假如这种坏情绪能在一开始就得以消解，就不会蔓延。

• 心理效应 •

踢猫效应（Kick Cat Effect）指的是当个体在工作或生活中遇到挫折或压力时，会将负面情绪发泄到弱于自己或等级低于自己的对象上。

踢猫效应来自一个故事，故事大意是一个父亲受到了老板的批评，回家后把气撒在了孩子身上。孩子心里窝火，就狠狠地踢了旁边的猫。猫逃到街上，差点撞上了一辆卡车，卡车为了避让猫撞伤了路上的孩子。

在团队管理中，踢猫效应可能导致员工之间的关系紧张、团队凝聚力减弱，甚至影响到团队的整体绩效。为了避免踢猫效应在团队管理中产生负面影响，团队管理者需要学会正确地处理自己的负面情绪，及时调整和舒缓团队氛围。

• 踢猫效应可能造成的 4 种危害 •

负面情绪不仅不利于人的心理健康，也不利于人的身体健康。如果任由负面情绪蔓延，可能影响所有相关人员的身心健康。

如果团队管理者总是传递负面情绪，总是给团队带来负能量，则会导致团队管理者与团队成员的关系变差，可能会引发缄默效应。

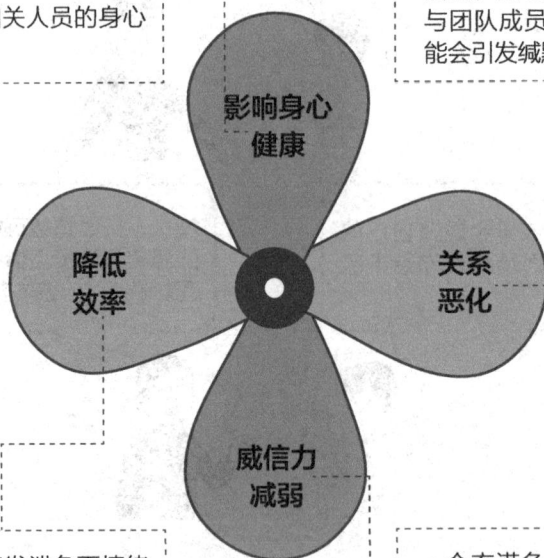

影响身心健康

降低效率

关系恶化

威信力减弱

团队管理者任意发泄负面情绪可能会让团队成员的心思不再放在工作上，甚至团队成员可能故意犯错，降低团队的工作效率。

一个充满负面情绪的团队管理者并不会得到下属的尊敬，反而会让自己在员工心中的威信大打折扣，使自身领导力减弱。

基于踢猫效应
团队管理者的 4 点注意事项

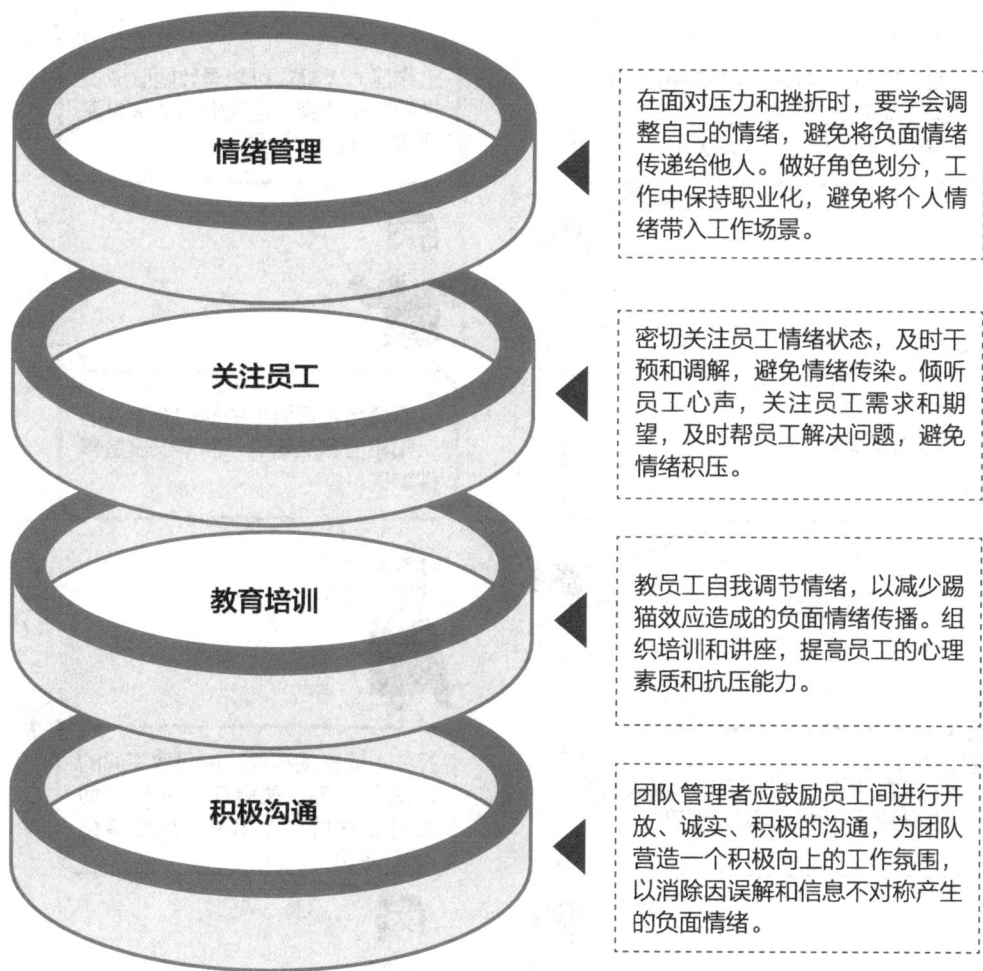

情绪管理

在面对压力和挫折时，要学会调整自己的情绪，避免将负面情绪传递给他人。做好角色划分，工作中保持职业化，避免将个人情绪带入工作场景。

关注员工

密切关注员工情绪状态，及时干预和调解，避免情绪传染。倾听员工心声，关注员工需求和期望，及时帮员工解决问题，避免情绪积压。

教育培训

教员工自我调节情绪，以减少踢猫效应造成的负面情绪传播。组织培训和讲座，提高员工的心理素质和抗压能力。

积极沟通

团队管理者应鼓励员工间进行开放、诚实、积极的沟通，为团队营造一个积极向上的工作氛围，以消除因误解和信息不对称产生的负面情绪。

小贴士

团队中一旦出现踢猫效应，团队管理者就要及时采取干预措施，出面制止或纠正，避免负面情绪在团队内蔓延。如果踢猫效应是团队管理者的负面情绪引起的，团队管理者要知错能改，敢于面对并改正错误，真诚地向员工表达歉意。

4.3.2 情绪 ABC 理论：观察角度决定事物面貌

1　我最近发现，团队成员之间总是出现冲突，他们之间的关系变得紧张，我觉得可能是工作压力太大了。

2　工作压力大确实可能导致团队成员之间出现冲突，但我们需要从更深层次去分析这个问题。

3　怎么分析呢？

4　人的情绪和行为是由他们对事件的认知和信念决定的，而不仅仅是事件本身。

5　有道理，所以，我应该关注团队成员对事件的认知和信念，是吗？

6　是的，同样的事件可能导致不同的情绪和行为，关键在于我们如何看待和评价这个事件，这是情绪 ABC 理论。

●问题拆解●

　　观察事物的角度，决定了自己对事物的印象。人的情绪也是如此，某个事件本身并不必然带来某种情绪，是人们对这个事件的看法决定了人的情绪状态。所以改变人们的情绪，可以通过改变人们对事件的看法实现。

心理效应

情绪 ABC 理论（Emotional ABC Theory）由美国心理学家艾伯特·埃利斯（Albert Ellis）提出，它解释了情绪的成因，其含义是激发事件 A（Activating Event）会导致情绪和行为后果 C（Consequence），但并非直接由 A 到 C，C 产生的原因是我们对事件的认知和信念 B（Belief）。

在团队管理中，情绪 ABC 理论可以帮助团队管理者更好地理解员工的情绪，从而优化沟通和管理策略。

团队管理者可以运用情绪 ABC 理论来提高员工的情绪管理能力，帮助他们更好地应对工作中的压力和挑战。通过识别和纠正非理性信念，员工可以更好地调整自己的情绪和行为，从而提高工作效率和团队凝聚力。

塑造正确信念的 4 个关键方法

教育可以帮助人塑造信念系统，让人们接受正确的信念、价值观，形成正确的世界观、人生观、价值观。

实践可以让人们不断验证自己的信念、价值观，发现其中的不足之处，并不断完善自己的信念系统。

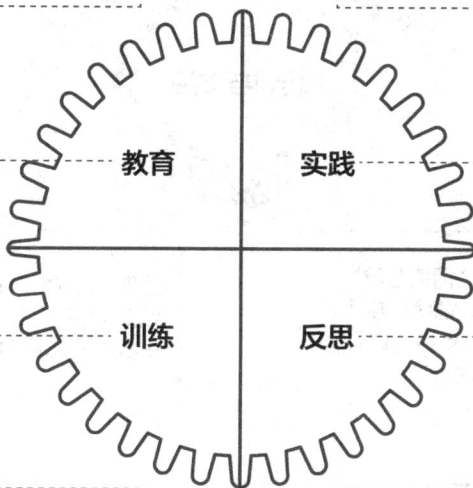

教育　实践

训练　反思

训练可以让人们掌握正确的信念、价值观，形成正确的世界观、人生观、价值观，提高信念系统的稳定性和可靠性。

反思可以让人们对自己的信念、价值观进行审视，发现其中的问题，并进行调整和改进。

基于情绪 ABC 理论
团队管理者的 4 点注意事项

关注员工之间的人际关系，及时解决可能引发情绪问题的纷争，帮助员工识别和纠正非理性信念，促进情绪调整和行为改变。

创造一个积极的工作环境，以减少情绪问题概率。注重员工的工作生活平衡，避免员工因压力过大而产生情绪问题。

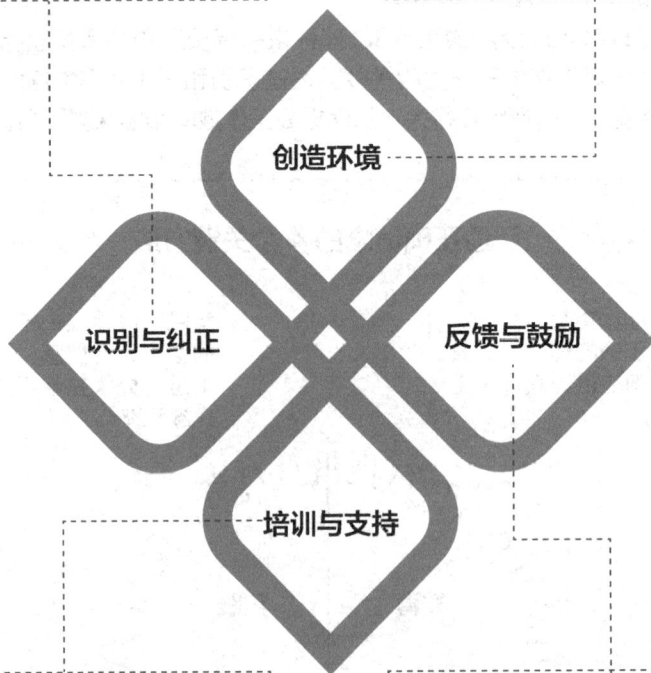

创造环境

识别与纠正

反馈与鼓励

培训与支持

培训员工，使其具备"情绪智慧"，包括识别、表达、调节情绪的技巧。为员工提供专业心理支持，以预防和解决潜在的情绪问题。

适时给予员工正面反馈，以增强他们的自信。鼓励员工拥抱变化，以积极的心态应对工作挑战。

● 小贴士 ●

团队管理者要具备一定的观察能力，主动观察员工。运用情绪 ABC 理论时，团队管理者可以通过观察员工的表情、言语和行为，掌握员工的情绪状态，发现员工的情绪问题，及时采取措施。

4.3.3 冷热水效应：先后顺序决定感受差别

1 现在做管理者太难了，稍微批评员工几句，员工就受不了闹情绪。

2 会不会是你批评员工时的态度不好，让员工觉得你是在针对他，而不是在针对问题？

3 我一开始确实会朝员工发脾气，后来不会这样做了，我甚至会在批评员工前先鼓励一下员工，然后再指出员工的问题。

4 你下次可以试试把这个沟通顺序反过来，先客观指出员工的问题，再鼓励员工。

5 这样做和之前有什么不同吗？

6 先鼓励、再批评，员工记住的更多是批评；先批评、再鼓励，员工会觉得你的鼓励更温暖。这运用了冷热水效应。

● 问题拆解 ●

　　先热后冷，人们会感到冷；先冷后热，人们会感到热。人们的感知会受之前的记忆和经验的影响。当有一个坏消息和一个好消息时，有人会选择先听坏消息，再听好消息，因为这样更容易接受坏消息。

• 心理效应 •

冷热水效应（Hot and Cold Water Effect）指的是人们面对同一事物，因为之前的经历不同，产生不同感受的现象。

当人们先将手浸泡在 5℃ 的冷水中，然后再放到 20℃ 的温水中时，人们会感觉温水是热的；而当人们先将手浸泡在 40℃ 的热水中，再放到 20℃ 的温水中时，人们会觉得温水是冷的。同样温度的水，同样的人，因为之前的经历不同，产生了不同的感觉。

冷热水效应主要与人们对事物的感知和评价有关。这种现象的产生是由于人们在评价事物时，会受到之前的经历和情境的影响。人们对事物的感知是相对的，人的大脑会根据之前的经历和情境，对当前的事物进行对比和评价。这种相对性评价会导致我们对同一事物产生不同的感受。

团队管理者与员工沟通时，可以运用冷热水效应来引导员工的感知，从而提升沟通效果。

• 在沟通中应用冷热水效应的 4 个技巧 •

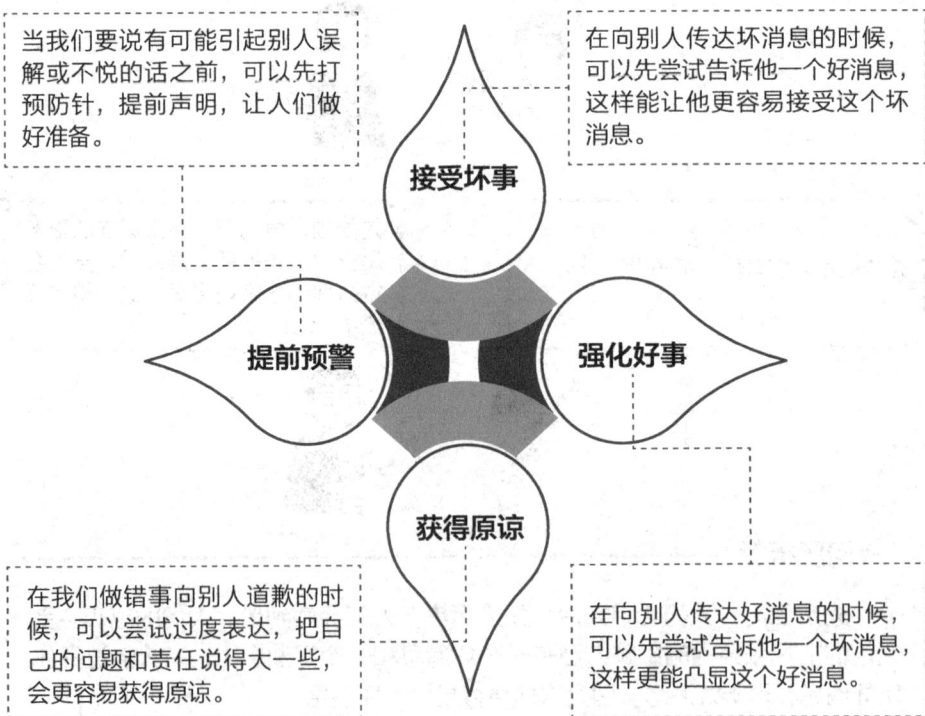

当我们要说有可能引起别人误解或不悦的话之前，可以先打预防针，提前声明，让人们做好准备。

在向别人传达坏消息的时候，可以先尝试告诉他一个好消息，这样能让他更容易接受这个坏消息。

接受坏事

提前预警

强化好事

获得原谅

在我们做错事向别人道歉的时候，可以尝试过度表达，把自己的问题和责任说得大一些，会更容易获得原谅。

在向别人传达好消息的时候，可以先尝试告诉他一个坏消息，这样更能凸显这个好消息。

在团队沟通中应用冷热水效应的 4 个场景

需要传达令人不太愉快的消息时，团队管理者可以先说一些较为严肃的内容，再逐渐过渡到积极的方面。这样可以让员工更容易接受坏消息，同时也能减轻负面消息的影响。

当员工面临压力时，团队管理者可以先分享一些更困难的经历，然后再谈论当前的问题。这样可以让员工相对放松，更容易应对压力。

消解
情绪

舒缓
矛盾

缓解
压力

理解
员工

当团队中的员工 A 和员工 B 存在矛盾时，团队管理者可以引导这两个员工一起关注或面对团队外部的更大的矛盾。在大矛盾面前，小矛盾可能会显得微不足道。

在与员工沟通时，团队管理者要学会站在对方的立场考虑问题。换位思考有助于团队管理者更好地理解对方的需求和困扰，从而提升沟通效果。

● 小贴士 ●

在运用冷热水效应时，管理者要谨慎使用负面信息，要因人而异地沟通，确保信息的准确性和有效性。虽然冷热水效应可以帮助我们提升沟通效果，但过度运用可能导致员工对管理者的信任度下降。

4.3.4 聚光灯效应：别把自己看得太重

1 我发现团队成员在沟通时总是表现得过于拘谨，总是担心自己的言行受到别人的关注和评价。

2 这可能是由于团队成员受到了聚光灯效应的影响。这种心理效应会让人们过于在乎别人对自己的看法，从而表现得过于拘谨。

3 不知道员工的这种情况是不是受我的影响，我有时候会在团队里倡导谨言慎行，而且总担心自己会给团队带来不良的影响。

4 这其实也反映了聚光灯效应，注意自己的言行是应该的，但不要把自己看得太重。克服聚光灯效应，可以让沟通协作更顺畅。

5 原来如此，那我们应该如何克服聚光灯效应，让团队成员在沟通时更加自信、自然呢？

6 让大家都意识到问题，就是解决问题的第一步。把问题说开了就能好很多，平时多注意提醒自己不要过分在乎别人对自己的看法。

●问题拆解●

俗语中的"人怕出名猪怕壮"，就反映了聚光灯效应。实际上，自己看自己和别人看自己的视角是不同的。多数人对自己的关注总是大于对别人的关注。这就导致人们在主观上会觉得自己受到别人的关注。但实际上，别人并没有像自己想的那样那么关注自己。

● 心理效应 ●

聚光灯效应（Spot Light Effect）又称焦点效应，是美国康奈尔大学心理学教授托马斯·季洛维奇（Thomas Gilovich）和美国心理学家肯尼思·萨维斯基（Kenneth Savitsky）在 1999 年提出来的。

两位心理学家曾做过一个心理实验，实验过程是让受试者穿着他们认为比较丑的衣服走进一个有人的房间，然后让受试者说他们认为屋里有多少人注意到他们穿着的衣服。大多数受试者认为有超过半数的人注意到他们的衣服，但实际上只有 20% 的人注意到。

聚光灯效应主要源于自我中心和过度自我关注。自我中心是指人们倾向于以自己为中心，认为他人对自己的感受和行为应产生同样的关注；过度自我关注则是指人们对自己的行为和外貌过于关注，以至忽略了他人的需求和感受。

人们总是会无限放大自己的问题，高估别人对自己的关注程度，过分在意自己给别人留下的印象。

聚光灯效应对团队管理造成的 4 类常见影响

聚光灯效应可能会让团队管理者高估自己对团队的影响，把自己看得太重，把员工看得较轻。

聚光灯效应可能会让员工过于在乎同事对自己的看法，表现得过于拘谨，从而影响沟通效果和团队氛围。

高估自己

过分拘谨

影响团结

不敢犯错

聚光灯效应可能导致员工认为自己对团队绩效的贡献比较大，同事的贡献比较小，从而影响团结。

聚光灯效应会导致员工将自己的错误无限放大，认为自己的错误会影响团队，以至于不求有功，但求无过。

基于聚光灯效应
团队管理者的 4 点注意事项

鼓励员工勇于尝试和犯错，为员工创造轻松的团队氛围和包容的工作环境，让员工敢于尝试，从错误中学习和成长。

鼓励员工更多地关注团队的整体表现，把眼光放在团队层面，而非过度关注个人的成败得失。

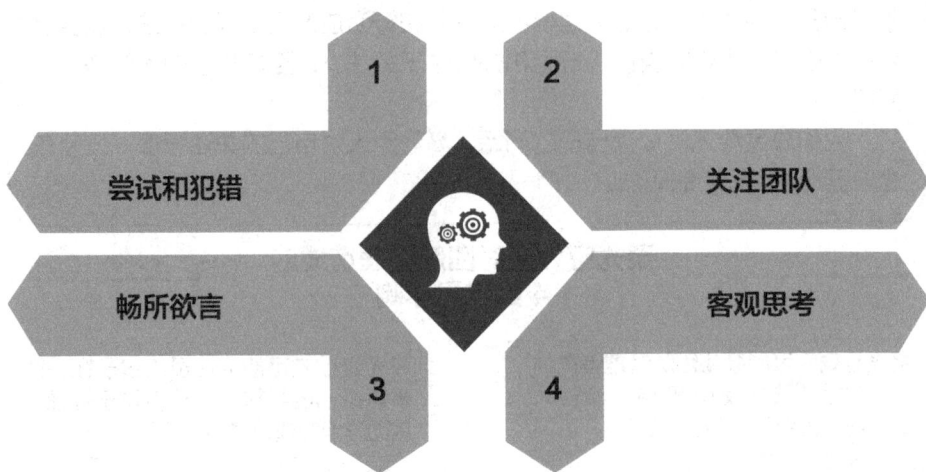

1

2

尝试和犯错

关注团队

畅所欲言

客观思考

3

4

在团队内部沟通中，鼓励员工畅所欲言，从而提高团队凝聚力和合作精神。

鼓励团队成员勇敢地突破舒适区，客观全面地思考问题，不再担忧他人对自己的评价，从而提升团队沟通和协作的效果。

● **小贴士** ●

聚光灯效应的本质是把自己看得太重。避免聚光灯效应的关键是把对自己的关注转为对系统、整体和客观事件的关注。意识到聚光灯效应的存在，可以帮助我们更好地认识自己，减少过度的自我关注，从而增强自信心。

05

绩效管理

通过有效的绩效管理，管理者能够发现团队工作中存在的潜在问题和发展空间，及时采取措施进行解决和改进。同时，绩效管理有助于为员工建立职业发展计划，给员工提供相应的培训和晋升机会，帮助员工实现个人职业发展。

5.1 绩效实施

　　团队管理者通过实施绩效管理，可以帮助团队成员提高工作效率、促进团队目标实现、增强团队凝聚力和合作精神、激励团队成员，以及改进工作流程和管理制度。通过有效的绩效实施，团队管理者可以给予表现优秀的团队成员适当的奖励和荣誉，激励他们更加努力地工作。

　　团队管理者在实施绩效管理时，可能用到的心理效应有赫洛克效应（Hunlock Effect）、旁观者效应（Bystander Effect）和丛林法则（the Law of the Jungle）。

5.1.1 赫洛克效应：什么样的反馈最有效

1 最近团队里很多员工的绩效不理想，我批评了他们，但发现效果似乎并不好，员工有抵抗情绪，而且绩效并没有明显提高。

2 批评并不是很好的反馈方式，最好采取正面的反馈方式，例如表扬或鼓励。

3 可员工确实做得不好，那以后遇到员工没做好的情况，我就不给员工任何评价，任由员工自我发展可以吗？

4 当然不行，不给员工任何反馈，还不如适度地给员工一些负面反馈。

5 啊？真的吗？这是什么原理？

6 这是赫洛克效应。有反馈，总比没有反馈好。当然，如果能发现员工的闪光点，给员工更多正面反馈是最好的。

● 问题拆解 ●

　　赫洛克效应是通过强调对工作结果进行及时评价来激发员工的工作动力的心理效应。赞美胜于责备，鼓励胜于训斥。适当的表扬和鼓励往往比过度的批评更能激发员工的积极性。但要注意，批评好过没有任何反馈。

● 心理效应 ●

赫洛克效应（Hunlock Effect）源自美国心理学家赫洛克（Hunlock）进行过的心理学实验。赫洛克把受试者分成 4 组，分别是表扬组、批评组、被忽视组和控制组，让他们持续完成相同的一系列任务。

表扬组在每次完成任务时，会被给予持续的表扬和鼓励；批评组在每次完成任务时，会被给予持续的批评和斥责；被忽略组在每次完成任务时不被给予评价，但可以听到对表扬组和批评组的评价；控制组与其他 3 组完全隔离，且不被给予任何评价。

结果表扬组的成绩最好，明显优于其他 3 组，且成绩越来越好，呈现上升趋势；批评组的成绩较差，但比被忽视组和控制组的成绩好；控制组的成绩最差。

赫洛克效应告诉我们：有评价优于没有评价，即使这种评价是负面评价；正面评价的效果比负面评价好。

● 团队管理中反馈之所以重要的 4 点原因 ●

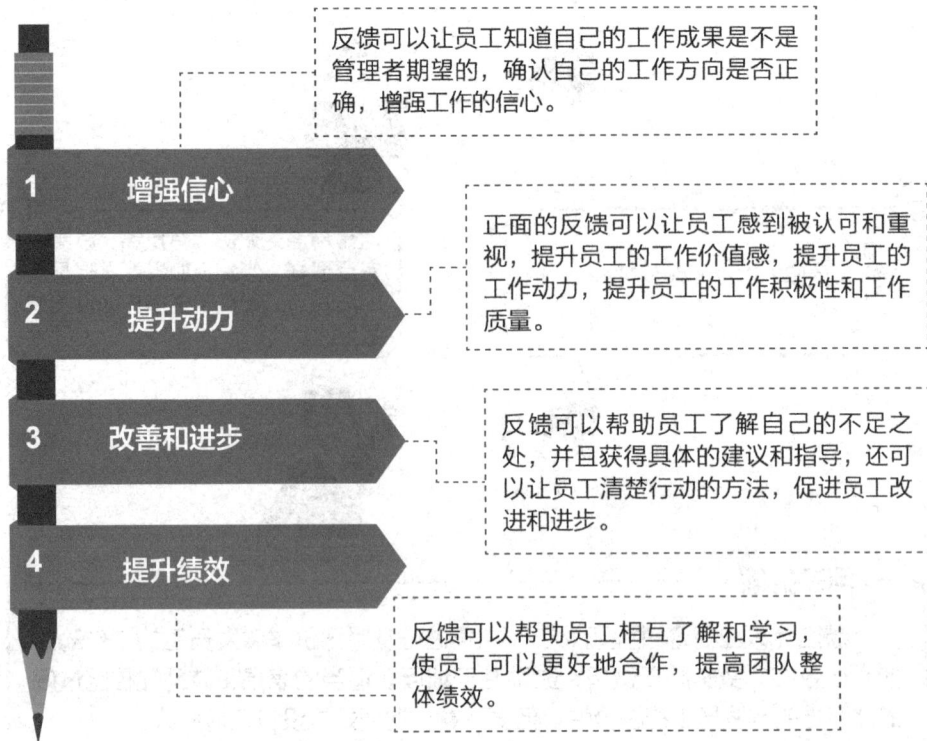

1 增强信心

反馈可以让员工知道自己的工作成果是不是管理者期望的，确认自己的工作方向是否正确，增强工作的信心。

2 提升动力

正面的反馈可以让员工感到被认可和重视，提升员工的工作价值感，提升员工的工作动力，提升员工的工作积极性和工作质量。

3 改善和进步

反馈可以帮助员工了解自己的不足之处，并且获得具体的建议和指导，还可以让员工清楚行动的方法，促进员工改进和进步。

4 提升绩效

反馈可以帮助员工相互了解和学习，使员工可以更好地合作，提高团队整体绩效。

基于赫洛克效应
团队管理者的 4 点注意事项

在团队管理中，应及时给予员工表扬和鼓励。尤其是在关键时刻给予员工支持和鼓励，帮助他们克服困难和挑战。

将反馈与员工的实际工作表现紧密结合，不要主观评价员工，要确保反馈具有公正性和客观性。

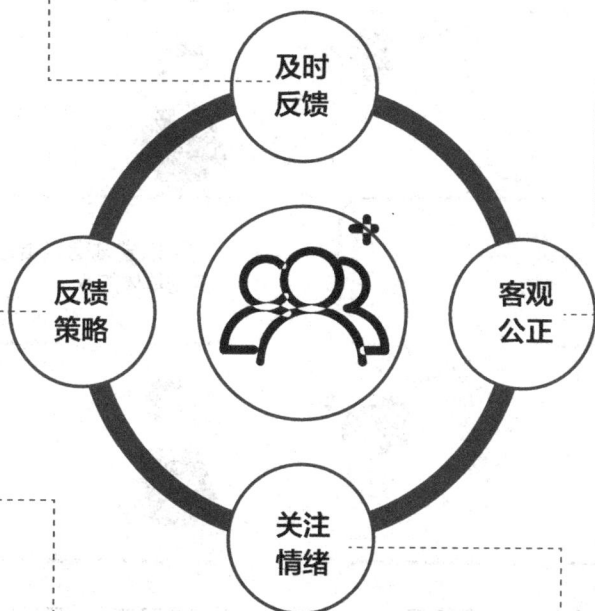

及时反馈

反馈策略

客观公正

关注情绪

灵活运用反馈的方式和语言，使反馈更具说服力和感染力。结合员工的个性特点，制定有针对性的反馈策略。

在向员工反馈后，关注员工的心理状态，营造积极向上的团队氛围，避免反馈给员工的情绪带来负面影响。

• 小贴士 •

批评好过不反馈，当员工重复犯相同的错误时，可以考虑批评。但批评要适度，要私下进行，避免过度打击员工的积极性。在批评后给予员工改正的机会，关注员工的改进情况并给予适当的反馈。

5.1.2 旁观者效应：三个和尚没水喝

1. 我发现团队中有个问题，每次分配任务，大家都不是很积极，总是期待别人多承担一些责任。

2. 当一项任务由整个团队共同承担时，每个人的责任感往往会减弱，都希望别人多分担责任，这在心理学上叫旁观者效应。

3. 那我应该怎么办呢？

4. 你可以尝试指定责任人，把任务落实到具体的人。

5. 可参与的人会不会因为有了负责人，而消极对待这项任务呢？

6. 确实可能会，所以除了责任人外，还要明确每个参与者的责任。

● 问题拆解 ●

当一个任务由很多人共同完成时，每个人的责任感会减弱，团队成员可能会不积极参与。三个和尚没水喝的故事讲的正是这个道理。所以每个任务都要有一个具体的负责人。

● 心理效应 ●

旁观者效应（Bystander Effect），又称责任分散效应，是由美国社会心理学家比布·拉塔内（Bibb Latane）和约翰·达利（John Darley）提出的。为了研究旁观者效应，他们进行了超过 60 项心理学实验。结果超过 90% 的实验的结果证明：当人们独自一人时，更容易向他人提供帮助；在场人数越多，人们提供帮助的可能性越小。

在团队管理中也是如此，当一个人独自承担任务时，他的责任感十分强烈，而当一个任务由一个群体共同完成时，每个个体的责任感相对较弱。这种现象在团队管理中表现为成员对任务的投入度较低，推诿责任，以及效率低下。要解决这个问题，团队管理者需要采取有效策略，提高团队成员的责任感和参与度。

产生旁观者效应的 4 个原因

当人们看到其他人没有行动时，可能会觉得当下的情境并非紧急的，自己没有义务采取行动。既然别人都不行动，自己也没必要行动。

当人们发现别人也意识到当下的情境时，可能会觉得别人会做出某种行为来改变现状，这时候就不需要自己行动了。

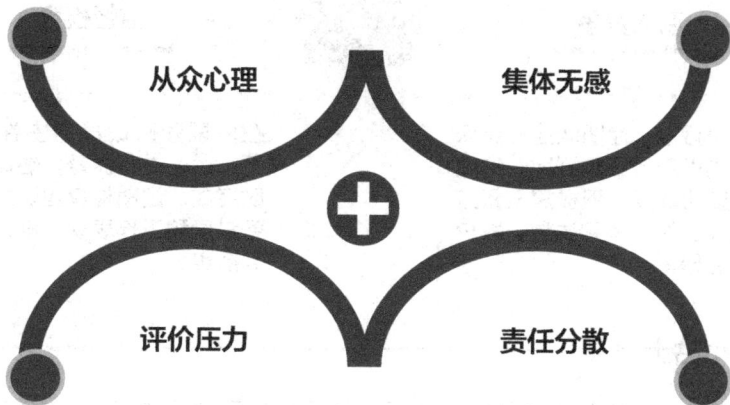

从众心理   **集体无感**

＋

评价压力   **责任分散**

当人们知道别人在关注自己时，就会做一些他人期望的事，以别人期望的状态表现自己，以避免别人给自己负面评价。当周围有其他人时，这种压力会减小。

当周围有其他人时，人们会觉得自己的责任会分摊到其他人身上，因为自己不作为而产生的责备也会分摊给其他人，从而减弱自己的行动力。

基于旁观者效应
团队管理者的 4 点注意事项

分工与设定目标

明确指定每个团队成员的具体任务和责任，确保他们清楚自己的职责。为团队设定明确、可衡量的目标，激发团队成员的积极性和责任感。

评价机制

及时反馈团队成员的工作成果，通过绩效考核、奖惩制度等方式，对团队成员的工作表现进行评价，确保责任得到落实。

引入竞争

通过竞争激励，让团队成员意识到个人的表现会影响到团队的绩效。鼓励团队成员积极探索新方法，提高工作效率和质量，减少责任推诿现象。

监督检查

在尊重团队成员自主性的前提下，适度进行监督，确保任务按时完成。定期检查团队成员的任务进度和工作表现，确保责任得到落实。

● 小贴士 ●

避免旁观者效应的关键是让团队成员意识到自己的责任，提高他们的参与度和积极性。团队管理者应在分工协作、目标设定、评价机制等方面采取措施，确保每个成员都承担起自己的责任。同时，团队管理者在应用这些策略时要注意避免过度监督和施加过多压力，关注团队成员的需求和团队氛围，营造一个有利于发挥每个人的潜能的工作环境。

5.1.3 丛林法则：用竞争激发动力

1 我发现一些老员工因为工作经验比较丰富，有懈怠的情况。

2 也许你可以运用丛林法则，引入竞争机制，激发这些老员工的动力。

3 引入竞争机制会有效果吗？如果员工无视竞争机制呢？

4 你可以提高竞争结果的上限，如增加优胜者的奖励；也可以降低竞争结果的下限，如引入淘汰机制。

5 竞争机制会不会导致竞争太激烈，造成团队氛围紧张，甚至可能出现一些恶性竞争的现象呢？

6 如果管控不当，确实有可能。适度的竞争可以激发员工的积极性，但过度的竞争可能导致团队效能降低。

● 问题拆解 ●

物竞天择，适者生存。团队成员间适度的竞争可以激发团队的潜能，提高团队绩效。恰当地运用丛林法则，可以在维持竞争的同时保持团队的凝聚力。但过度的竞争则有可能导致团队氛围紧张，影响团队效能。

● **心理效应** ●

丛林法则（the Law of the Jungle）也叫生存法则，原本是一个生物学概念，指的是在自然界中遵循弱肉强食的自然规律。因为物种与物种之间存在竞争，单一物种内部的生物体之间也存在竞争，这种竞争关系激发了生物的求生欲，促进了自然界的发展。

丛林法则也可以应用在团队的绩效管理中。团队管理者可以通过设定明确的绩效目标，在团队内部建立竞争机制，激发员工的竞争意识，提高整体绩效，但也需要关注竞争与合作之间的平衡，避免过度竞争导致团队氛围紧张。

丛林法则在团队管理中的4 种应用

项目团队竞争

根据团队的总任务目标设立多个项目小组，每个小组之间展开竞争，根据各小组的业绩排名，以提高团队成员的积极性和创造力。

任务分配竞争

在团队中设立多个角色或任务，可以设定规则，按照团队成员以往的贡献值分配任务或角色。优秀员工将会得到更优质的资源或被奖励更多的任务。

成果评定竞争

在团队中设立多个阶段性成果，例如销售业绩、月度任务目标完成率、季度项目进度等，根据团队成员的工作完成情况评定。

奖励机制竞争

可以在团队中设立多种奖励机制，例如技能奖、贡献奖等，根据团队成员的实际情况客观评定。也可以设置竞赛，由团队成员自愿报名参与评定。

团队管理者实施
丛林法则的 4 点注意事项

监控团队内的竞争情况，保持良性竞争，确保竞争不会演变为恶性竞争。对于出现的恶性竞争现象，应及时采取措施予以纠正。

既然引入了竞争机制，就要保证员工的工作结果能得到客观评价。如果主观评价员工的工作结果，很可能引起员工的不公平感，使竞争机制起到反效果。

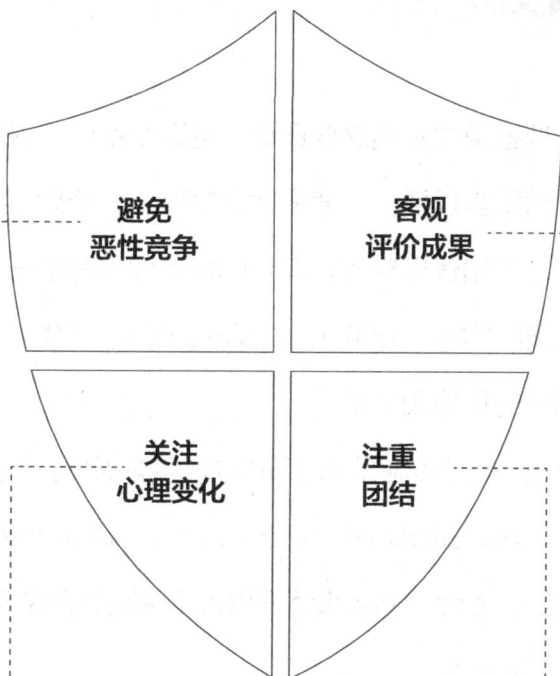

**避免
恶性竞争**

**客观
评价成果**

**关注
心理变化**

**注重
团结**

关注团队成员的心理健康，防止过度竞争给员工带来过多的压力。与团队成员保持沟通，了解团队成员的想法和需求。

避免因竞争引发的内部矛盾影响团队内部团结，要注重培养员工的团队协作能力，营造既有竞争又有合作的良好团队氛围。

小贴士

丛林法则虽然可以激发团队成员的行动热情，但如果竞争过于激烈，团队成员间的关系会变紧张，甚至出现恶性竞争现象。因此，团队管理者需要合理运用丛林法则，平衡竞争和合作的关系，以保持团队的凝聚力和提高团队绩效。

5.2 绩效评价

团队管理者通过实施绩效评价，可以帮助团队成员提高工作质量、促进团队实现目标、增强团队凝聚力、激励团队成员，以及改进工作流程和管理制度。有效的绩效评价有助于团队管理者了解团队成员的实际工作情况，发现其工作中的优点和不足，并借此提供相应的指导和支持。

团队管理者在实施绩效评价时，可能用到的心理效应有奖惩效应（the Effect of Reward and Punishment）、损失厌恶效应（Loss Aversion Effect）和破窗效应（Broken Windows Effect）。

5.2.1 奖惩效应：引导行为的有效方式

1 我发现很多员工的执行力太弱，有没有什么方法可以引导员工的行为呢？

2 根据奖惩效应，你可以用奖励或惩罚来引导员工的行为。

3 我已经在用奖惩效应了，我平时也会表扬和批评员工。

4 表扬只是一种奖励，批评也只是一种惩罚。除了表扬和批评，你可以应用更多的奖励和惩罚手段。

5 可我总感觉奖惩效应的效果不好。

6 也许是你应用奖惩效应的时机和方法有问题，你可以尝试奖励作出贡献的人和惩罚不履行职责的人。

● 问题拆解 ●

奖惩是有效的行为引导方法。当员工未履行职责时，对其实施惩罚，产生负面强化，引导员工履行职责；当员工作出贡献时，对其实施奖励，产生正面强化，引导员工继续作出贡献。

● 心理效应 ●

奖惩效应（the Effect of Reward and Punishment ），又称胡萝卜加大棒（Carrot and Stick）效应，指的是对人的行为实施外部强化或弱化手段，可以影响人们对自身的评价，进而带来人们行为的强化或弱化。

"胡萝卜加大棒"是管理实践中的一句俗语，它来源于一个故事：要使驴子前进，可以在它前面放一根胡萝卜吸引它，或者用一根大棒在它后面驱赶它。其中"胡萝卜"对应奖励，"大棒"对应惩罚。

在团队管理中，奖惩效应是通过奖惩制度来实现的。通过奖励手段，激发员工的自尊心和上进心；通过惩罚措施，促使员工改正错误的行为。奖惩效应可以有效调动员工的积极性，提高团队的绩效。

● 正确应用奖惩效应的 4 个关键

奖罚不要并重，奖励应当多些，惩罚应当少些。奖励的范围可以大一些，程度可以重一些，惩罚应当尽量从轻，而不是从重。

奖励应当聚焦在结果上，惩罚应当聚焦在行为上，如要奖励有功劳的人而不是奖励有苦劳的人。

奖多罚少

注重感受

落脚得当

用对场合

惩罚要循序渐进，不能太激进，可以先警告或提醒，再实施惩罚。惩罚不能太生硬，要考虑被罚者的感受，不能让被罚者颜面尽失。

奖励要公开进行，不能私下实施；惩罚则可以根据程度不同，采取私下或公开的方式。私下的惩罚是为了顾及被罚者的感受。

实施奖惩效应的 6 个注意事项

不论是奖励还是惩罚，都要有明确的标准和公正的评判，不能凭个人感觉主观判断。

奖惩的目的是引导和改变员工行为，实施奖惩后要关注员工的行为。

奖励或惩罚的标的物不一定是物质上的，也可以是精神上的。

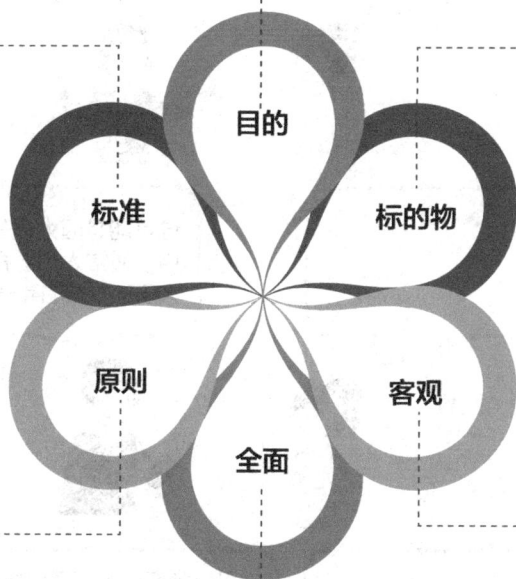

目的

标准

标的物

原则

客观

全面

如果员工犯了原则性的错误，触碰到警戒线，则必须惩罚，且标准统一，不能有人罚、有人不罚。

奖惩要全面，奖惩可能只针对一个人，也可能针对多个人，或针对某个团队。

团队管理者平时要注意避嫌，不要过多奖励关系好的员工，也不要过多惩罚关系不好的员工。

• 小贴士 •

很多团队管理者觉得惩罚必然带来对员工经济利益的剥夺，因而不愿惩罚员工。实际上惩罚的方式有很多，如体能项目、娱乐表演、认输仪式等。趣味化、多样化的惩罚方式，不仅更容易让员工接受，而且能给员工留面子，给员工留下的印象更深刻。

5.2.2 损失厌恶效应：人们更害怕失去

1 我发现我们团队的人都不喜欢风险和挑战，宁可因循守旧，也不愿开拓创新。

2 这种现象很正常，在面对风险时，人们更愿意坚持原有的做法，以避免潜在的损失。

3 这是什么原因呢？

4 这可能是因为损失厌恶效应在起作用，通常人们对损失的厌恶程度要大于对收益的喜爱程度。

5 我应该如何应对这种心理效应，以提高团队的绩效和创新能力呢？

6 你可以创造一个支持创新和冒险的环境，并关注成员们对风险和挑战的反应。通过调整激励制度、培训和沟通，帮助团队成员克服损失厌恶效应，以实现更好的绩效。

● 问题拆解 ●

　　人们喜欢收益，但人们更厌恶损失。相较于得到，人们更害怕失去。这就是为什么有的人在面对未知或风险时选择逃避，不愿意面对挑战，害怕失败，不愿采取行动，从而影响了团队的绩效和创新能力。

• 心理效应 •

损失厌恶效应（Loss Aversion Effect）源自行为经济学的损失厌恶（Loss Aversion）理论。损失厌恶是诺贝尔经济学奖获得者、心理学家、经济学家丹尼尔·卡内曼（Daniel Kahneman）和著名心理学家、行为学家阿莫斯·特沃斯基（Amos Tversky）提出的前景理论的理论基石。

损失厌恶效应的含义是，当人们在面对同等数量的损失和收益时，损失所带来的负效用要大于收益所带来的正效用。例如同样是 1000 元，损失 1000 元带来的不悦感远大于赚 1000 元带来的喜悦感。

损失厌恶效应不仅可能影响团队管理者的思考与决策，还可能影响团队成员的行动。例如损失厌恶效应可能导致成员对风险过度担忧，以至于害怕创新。

• 损失厌恶效应可能产生的 4 类问题 •

损失厌恶效应容易产生不理性决策，人们可能会因为过度担心损失而忽略一些重要的因素，从而做出对自己不利的决策。

决策不当

产生负面情绪

损失厌恶效应可能让人患得患失，人们总是在担心损失，对事物过分紧张，严重的甚至会产生焦虑或抑郁的情绪。

损失厌恶效应可能让人看不到工作或生活中那些美好的事情，只盯着那些不好的方面，从而使人们对工作或生活产生悲观情绪。

忽略生活的美好

不敢承担风险

损失厌恶效应可能让人在面临风险和挑战时畏首畏尾，产生"多做多错，少做少错"的想法，让人不敢行动。

基于损失厌恶效应
团队管理者的 4 点注意事项

关注团队成员在面对风险时的心理状态，避免让他们过度关注损失。培养团队成员的风险意识，帮助他们更好地评估和应对风险。

通过合理分配任务和资源，降低单个团队成员承担的风险，减轻损失厌恶对他们的影响。为团队成员提供及时的反馈和奖励，鼓励他们面对风险和挑战。

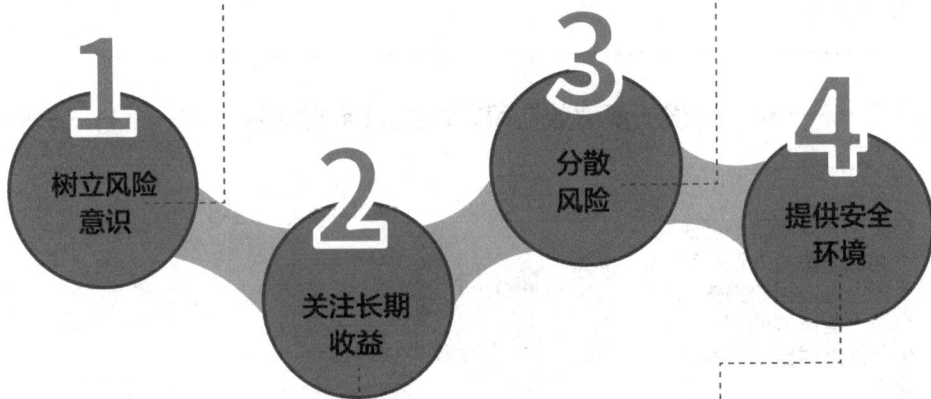

1 树立风险意识

2 关注长期收益

3 分散风险

4 提供安全环境

引导团队成员关注长期收益，而非短期损失，帮助他们更好地评估风险和收益。分享团队的决策过程，让团队成员了解风险和收益的平衡，减轻他们的损失厌恶心理。

为团队成员提供一个安全的环境，让他们能够勇敢地尝试新事物和承担风险。鼓励团队成员保持积极的心态，让他们相信自己能够应对挑战和克服困难。

● 小贴士 ●

团队管理者可以利用损失厌恶效应进行奖惩。员工更希望得到奖励，不希望得到惩罚，因此在实施奖惩时，团队管理者要注意员工的情绪变化，调整激励措施，使之更符合员工的实际需求和期望。

5.2.3 破窗效应：防微杜渐，及时止损

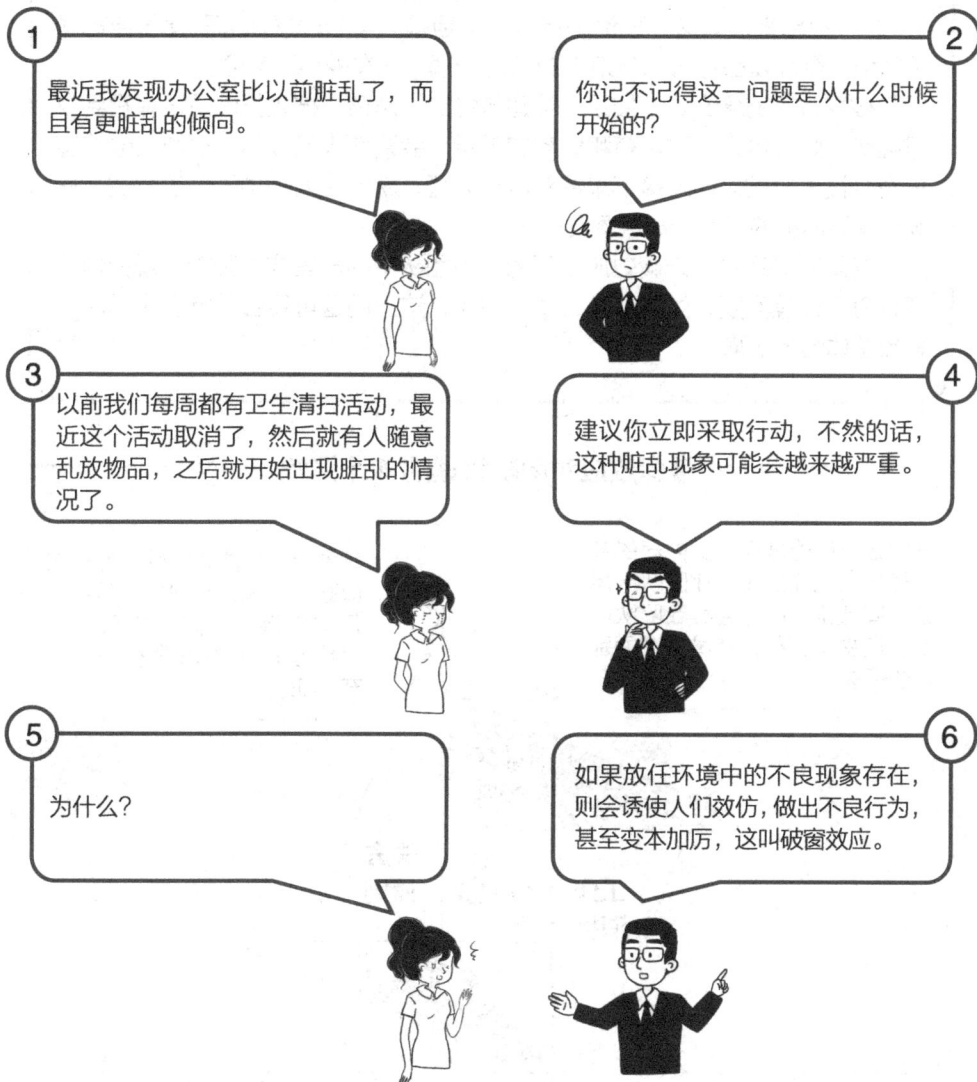

1 最近我发现办公室比以前脏乱了，而且有更脏乱的倾向。

2 你记不记得这一问题是从什么时候开始的？

3 以前我们每周都有卫生清扫活动，最近这个活动取消了，然后就有人随意乱放物品，之后就开始出现脏乱的情况了。

4 建议你立即采取行动，不然的话，这种脏乱现象可能会越来越严重。

5 为什么？

6 如果放任环境中的不良现象存在，则会诱使人们效仿，做出不良行为，甚至变本加厉，这叫破窗效应。

• 问题拆解 •

俗话说，"小洞不快补，大洞一尺五"。当有人开始在草地上乱踩时，可能会引来更多的人在草地上乱踩；当有人开始乱扔垃圾时，可能会引来更多的人乱扔垃圾。唯有防微杜渐，及时止损，才能避免情况恶化。

● 心理效应 ●

破窗效应（Broken Windows Effect）是由美国政治学家詹姆斯·威尔逊（James Wilson）及美国犯罪学家乔治·克林（George Kelling）于1982 年提出来的。这个理论源自美国斯坦福大学心理学家菲利普·津巴多（Philip Zimbardo）于 1969 年进行的一项"汽车破坏"实验。

破窗效应的含义是，如果一栋建筑物的一扇窗户被人打破且没有得到及时维修，则会给人一种示范和纵容的感觉，会诱使人们效仿，很快其他的窗户也会被人打破。如果接下来依然没有人管，就会给人一种无序的感觉，逐渐滋生更恶劣的情况，甚至诱发犯罪。

在团队管理中，破窗效应表现为：当团队中的一些成员开始出现拖延、不认真工作等问题，如果不及时予以纠正，这些问题可能会影响整个团队，导致整体绩效下降。

● 破窗效应对团队管理的 4 个影响

破窗效应可能破坏团队内部的制度体系和纪律系统，让团队的规则形同虚设；可能会导致团队内部利己主义盛行，使员工不顾别人的想法。

破窗效应可能让团队内部失去原则和底线。原则是高压线，是防火墙。原则缺失可能引发比较严重的越界行为，甚至犯罪。

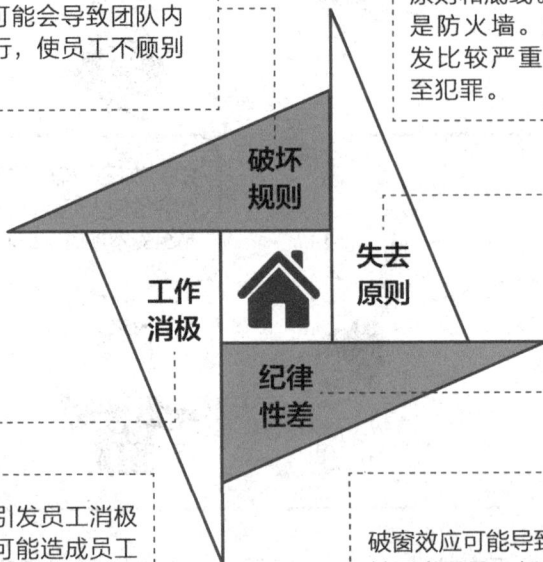

破坏
规则

失去
原则

工作
消极

纪律
性差

破窗效应可能引发员工消极的工作态度，可能造成员工对工作质量没有追求，对工作的价值和结果没有要求，从而影响绩效水平。

破窗效应可能导致员工的纪律性差，甚至出现员工任意妄为的情况，从而带来负面影响。

基于破窗效应
团队管理者的 4 点注意事项

及时处置

及时发现并纠正团队中的不良现象，第一时间处理，不拖拉，把问题消灭在萌芽中，避免负能量在团队内滋生。

坚守标准

为团队内的所有事项设定底线和评价标准，不允许触碰底线的行为出现，严格把关，公平和公正地对员工进行评价，避免偏袒和歧视。

树立榜样

给员工树立榜样，对表现出色的员工给予奖励和肯定，通过榜样激励其他员工，带动其他员工向榜样学习。

坚决惩戒

坚决惩戒越界者，在关键问题上不能心慈手软，即使越界者的人数比较多，也要避免法不责众的情况出现。

● 小贴士 ●

团队管理者可以尝试反向应用破窗效应，使其起到积极的作用。例如当团队中有人带头不遵守规则，引起别人纷纷效仿时，团队管理者可以尝试改变这个带头人的想法，让他做团队管理者期望的行为，并带动其他人。

5.3 绩效辅导

团队管理者通过实施绩效辅导，可以了解团队成员的工作情况和进展，及时调整工作分配和资源分配，推动团队目标的实现；可以提高团队成员的能力，建立良好的工作关系，以及建立高效工作的文化。

团队管理者在实施绩效辅导时，可能用到的心理效应包括习得性无助效应（Learned Helplessness Effect）、天花板效应（Ceiling Effect）和瓦伦达效应（ Wallenda Effect ）。

5.3.1 习得性无助效应：指明努力的方向

1 我发现团队里有个员工最近工作时总是无所适从，他认为自己无论如何也无法解决问题，这让我很苦恼。

2 你觉得为什么会出现这种情况呢？

3 可能跟我最近总批评这个员工有关。

4 如果总批评员工，可能会让员工出现习得性无助效应。员工可能会觉得不论自己怎么努力，都不能解决问题。

5 可是这个员工确实没有做好，难道我以后就不能批评他了吗？

6 当然可以批评，但你不要只批评员工，在批评员工后，还要给员工说明努力的方向和具体的方法。

● 问题拆解 ●

当一个人被一味否定，不知道自己如何做能改变现状时，很可能会产生一种无力感，无所适从，不愿采取行动，从而影响团队绩效，即使这个人是有能力解决问题的。所以团队管理者不要一味否定员工，在批评之后还要给员工设定明确的行动方向。

● 心理效应 ●

习得性无助效应（Learned Helplessness Effect）最早来自美国著名心理学家马丁·塞利格曼（Martin Seligman）于 1967 年进行的动物实验。

习得性无助效应指的是个体在面对困难或挫折时，先前的失败经历会使他们认为自己无法改变现状，从而产生一种无助感。在团队管理中，习得性无助效应可能会导致团队成员消极面对工作，遇到困难时容易放弃，降低主动性，甚至可能导致团队成员沮丧和抑郁。

习得性无助效应对团队
管理的 4 个影响

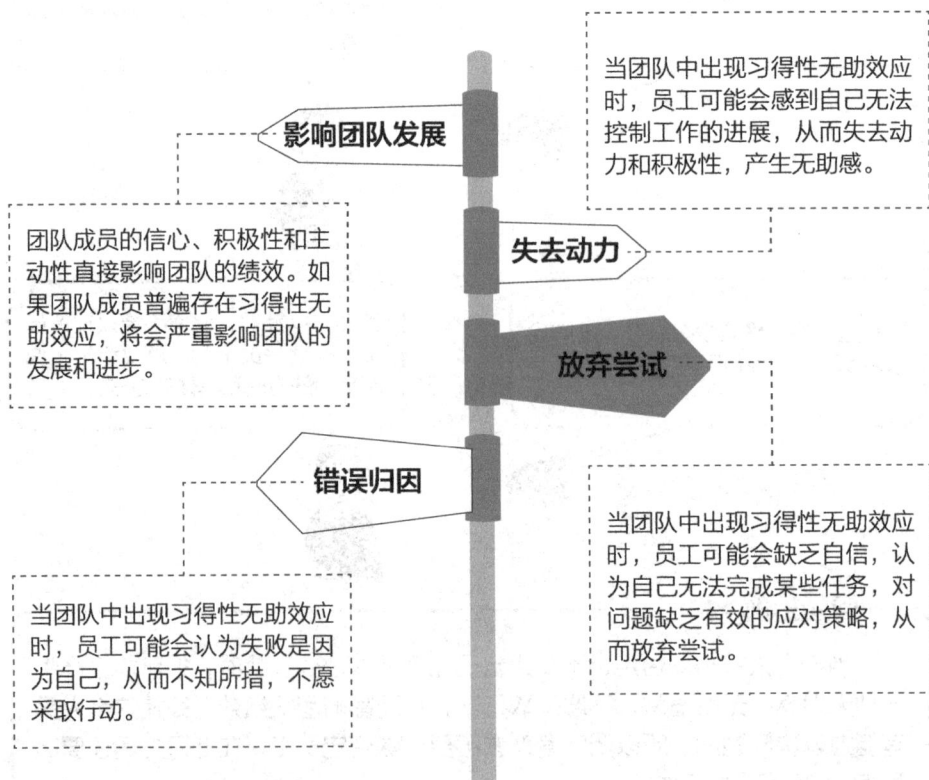

影响团队发展

当团队中出现习得性无助效应时，员工可能会感到自己无法控制工作的进展，从而失去动力和积极性，产生无助感。

团队成员的信心、积极性和主动性直接影响团队的绩效。如果团队成员普遍存在习得性无助效应，将会严重影响团队的发展和进步。

失去动力

放弃尝试

错误归因

当团队中出现习得性无助效应时，员工可能会缺乏自信，认为自己无法完成某些任务，对问题缺乏有效的应对策略，从而放弃尝试。

当团队中出现习得性无助效应时，员工可能会认为失败是因为自己，从而不知所措，不愿采取行动。

基于习得性无助效应
团队管理者的 4 点注意事项

团队管理者要制定合理的目标，让成员感受到目标的可实现性；同时给成员提供有效的资源和支持，帮助团队成员克服遇到的困难。

团队管理者应帮助成员了解自己，提升成员的信心，从而使其更好地应对挑战和困难；建立积极的团队文化，鼓励成员面对困难时保持乐观和自信。

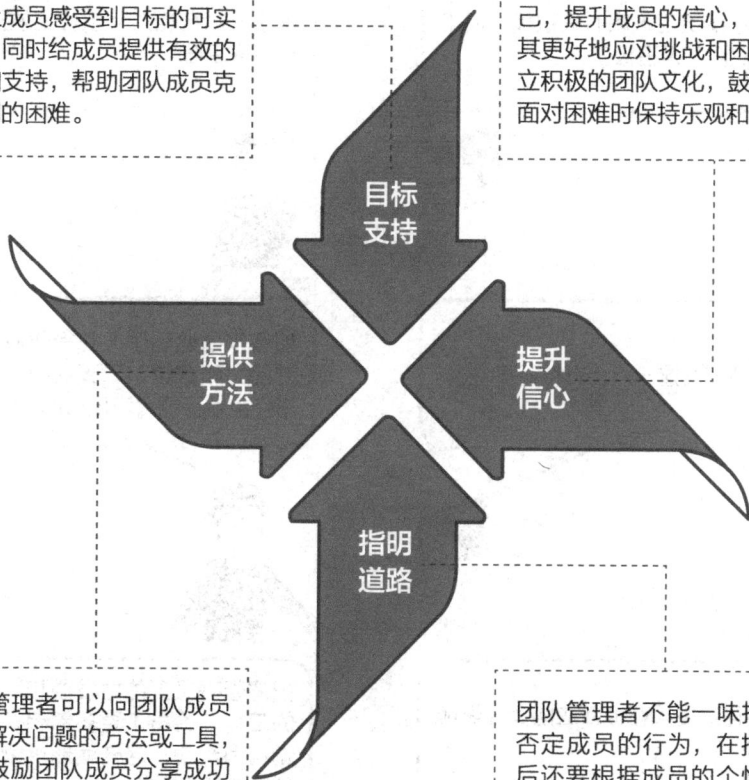

目标
支持

提供
方法

提升
信心

指明
道路

团队管理者可以向团队成员提供解决问题的方法或工具，同时鼓励团队成员分享成功经验，培养团队成员解决问题的能力，使他们在遇到困难时能够独立应对。

团队管理者不能一味指责或否定成员的行为，在批评之后还要根据成员的个性和能力水平，给成员指明改进的方法和工作的方向。

● 小贴士 ●

习得性无助心理通常不是天生的，而是在后天环境中形成的。很多团队成员的习得性无助心理是由团队管理者的不当沟通和错误管理造成的。要避免习得性无助效应对团队成员的影响，团队管理者首先要管好自己的言行。

5.3.2 天花板效应：突破自己

1 我发现不少员工入职时很积极，但工作几年后就不再积极了。

2 有让员工在能力和职位上发展和晋升的路径吗？

3 没有，我们在这一点上有待提高。

4 那看来是遇到了天花板效应。员工的能力和职位有了天花板，员工在工作上就可能会表现得比较消极。

5 那要如何避免天花板效应的负面影响呢？

6 扫清阻碍员工能力发展和职位晋升的障碍，给员工更多希望，让员工觉得有奔头，这样就能避免天花板效应的负面影响。

问题拆解

不论是工作还是生活，人们总是希望有奔头。有了奔头，工作和生活才有盼头，人们才会有行动的方向和努力的动机。假如存在的一些障碍限制了人们的发展空间，人们将失去奔头，失去希望，产生消极情绪，减少努力的动机。

● 心理效应 ●

天花板效应（Ceiling Effect）泛指某个员工因为各种原因无法突破某个层次，无法晋升的情况。

团队管理中的天花板效应是指员工的能力达到了极限，或者团队中存在一些障碍，限制了员工的发展空间。天花板效应可能导致员工在某一阶段无法继续提升工作能力，从而影响团队的整体绩效。

天花板效应在目标设定环节也有体现，很多员工在内心给自己设定了天花板，觉得自己再努力也不会有比较大的提升，于是给自己设定比较低的目标。

团队管理者需要关注员工的个人发展，帮助员工突破能力和职位的限制，实现自身价值。

● 天花板效应可能对团队管理产生的 4 类影响 ●

当员工在团队中无法获得更高的职位和更广阔的发展空间时，他们可能会选择离开团队，寻找更好的机会，这使得团队的稳定性下降。

员工流失

绩效下降

如果团队内部存在天花板效应，员工的积极性和工作热情可能会受到影响，从而影响团队的执行力和效率，导致团队的绩效下降。

天花板效应可能使得员工在创新上的积极性下降，员工可能缺乏动力去尝试新的方法。

创新的积极性下降

影响团队的声誉和形象

天花板效应可能导致员工的工作负担加重，员工满意度下降，这可能会影响团队的形象和声誉。

基于天花板效应
团队管理者的 4 点注意事项

团队管理者应该向员工提供更多的发展机会，包括培训和职业发展计划，以帮助员工提升能力和促进其职业发展。

团队管理者应该建立公平、透明的晋升机制，避免因为性别、年龄、教育背景等因素影响员工的晋升。

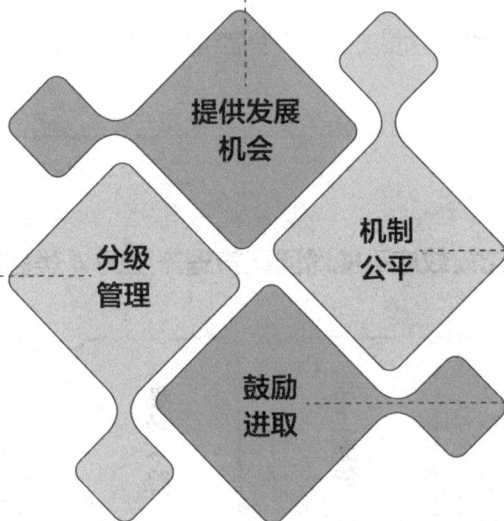

提供发展
机会

机制
公平

分级
管理

鼓励
进取

团队管理者根据员工的能力和潜力，对员工进行分级管理，向不同层级的员工提供不同的发展机会，从而激发员工的工作潜力。

团队管理者应鼓励员工尝试新的方法，提供更多的资源和支持，以激发员工的创新意识和进取心，激励员工突破自身局限。

● 小贴士 ●

　　天花板效应可能是由团队客观环境造成的，也可能是员工主观意识的产物。也就是说，也许客观上团队已经为员工提供了晋升和发展的条件，但员工主观上给自己设置了天花板。在这种情况下团队管理者要引导员工发现机会，冲破天花板。

5.3.3 瓦伦达效应：避免过分关注目标

1 我最近在给团队制定绩效目标，我想让大家全身心地盯着这些目标，必须得到好的结果，只许成功，不许失败！

2 你的想法很好，关注目标对团队的成功非常重要。但过分关注目标可能导致瓦伦达效应，这会影响团队成员的表现。

3 瓦伦达效应是什么？

4 瓦伦达效应是指人们因过分关注目标而患得患失，让自己陷入更糟糕的情况。在团队管理中，这种效应可能会导致员工难以做好自己的工作。

5 原来如此，那我应该如何避免瓦伦达效应呢？

6 你需要合理地制定目标，让团队成员不仅关注目标，还要关注实际的工作过程。这样能避开瓦伦达效应，提高团队绩效。

● 问题拆解 ●

重视目标是对的，但当人们过分关注目标，过分在意结果的时候，可能会过度紧张和焦虑，影响正常表现。而恰当地关注目标，并关注工作的过程，能让团队发挥出最佳水平。

● 心理效应 ●

瓦伦达效应（Wallenda Effect）指的是一个人过分关注某个目标，往往会导致自己患得患失；一个人过分考虑做事的后果，而不是专注于做事情本身，容易使自己陷入糟糕的境地。

瓦伦达效应来自美国杂技演员卡尔·瓦伦达（Karl Wallenda）的故事。瓦伦达是美国著名的高空走钢丝表演艺术家，他一生在各种场合表演走钢丝，不论周围环境多么恶劣，他都可以抛开杂念成功完成表演，赢得鲜花和掌声。

在瓦伦达 73 岁的时候，他为了给自己的职业生涯留下一个具有历史意义的纪念，准备在 2 座高层建筑之间表演高空走钢丝。但演出开始后不久，他就失足坠落，当场死亡。他的妻子说，她在瓦伦达上场前就觉得可能会出问题，因为他在上场前总是不停地念叨："这场表演太重要了，一定要成功。"瓦伦达在表演前扭伤了脖子，有人劝他取消表演，可因为这场表演有很多重要人物观看，加之当地电视台的怂恿，瓦伦达坚持表演照常举办。

在团队管理中，瓦伦达效应不仅可能影响团队管理者，也可能影响团队成员的心态，造成团队里本来该做对的事情没有做对、本来该完成的项目无法完成、能力范围内的事情却没有做好等情况。

● 避免瓦伦达效应的 4 个关键

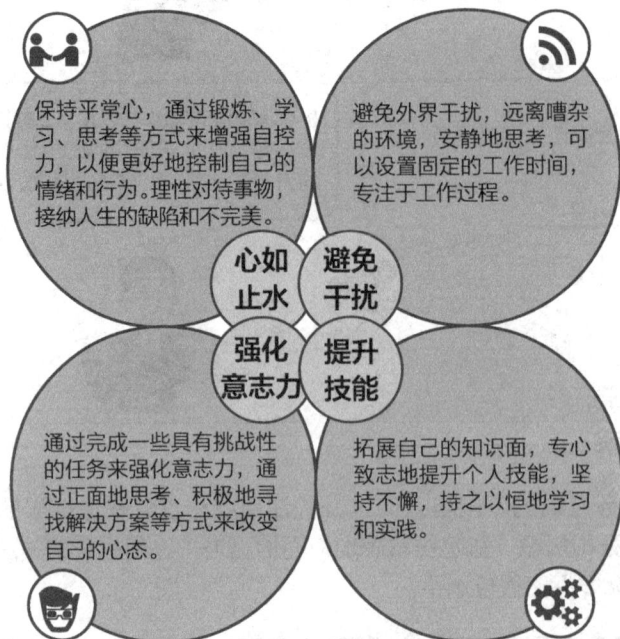

保持平常心，通过锻炼、学习、思考等方式来增强自控力，以便更好地控制自己的情绪和行为。理性对待事物，接纳人生的缺陷和不完美。

避免外界干扰，远离嘈杂的环境，安静地思考，可以设置固定的工作时间，专注于工作过程。

心如止水

避免干扰

强化意志力

提升技能

通过完成一些具有挑战性的任务来强化意志力，通过正面地思考、积极地寻找解决方案等方式来改变自己的心态。

拓展自己的知识面，专心致志地提升个人技能，坚持不懈，持之以恒地学习和实践。

团队管理者帮助团队成员摆脱
瓦伦达效应的 4 个关键

注重过程

鼓励团队成员把注意力放在实际工作中，而不是过分关注目标。引导团队成员注重过程，而不是仅关注结果。

缓解压力

避免将团队层面的过多压力施加给团队成员，帮助团队成员缓解压力，提高其自信心，并提高其专注力。

给予指导

在进行绩效评估时，充分考虑团队成员的努力程度和进步，避免过分追求目标完成率，指导团队成员用正确的方法工作。

注重共同成果

转移团队成员对工作结果的注意力，不过分强调个人绩效，不过分重视个人得失，注重团队协作的共同成果。

小贴士

瓦伦达效应在日常生活中随处可见，例如某个运动员平时训练有素，实力不俗，有很大的夺冠可能性，却在决赛时发挥失常，与冠军失之交臂；例如某个学生平时成绩不错，但一到关键时刻就因过度紧张而发挥失常。使用上述方法，可以帮助自己或别人规避瓦伦达效应。

06

人才评价

通过科学地评价人才，团队管理者可以优化团队的人员配置和组织结构，提高团队的效率和竞争力；给员工提供适当的培训和职业发展机会，找到最符合团队需求的人才，提高整个团队的绩效和产出。

6.1 首因效应：先入为主，容易看错人

1 我觉得我看人不准，不少我第一眼觉得不错的人，入职后的表现并没有那么好。

2 这是首因效应。人们很容易受到第一印象的影响，认为通过初始的表现就能判断一个人，这其实是一种思维误区。

3 可我听说有些人看人就很准，一眼就能看出别人是什么样的人。

4 这更多是一种没有科学依据的误传，没有人能保证自己第一眼就看出别人的本质。

5 那选拔新员工的时候我应该怎么办呢？

6 首先在选拔环节避免先入为主，和候选人多聊一些话题；其次是在候选人入职后，通过在试用期与其相处深入了解候选人。

● **问题拆解** ●

　　人是复杂的、多元的，在不同时空下可能表现出不同的状态。别人给我们的第一印象通常只是一种感官上的错觉，要深入了解一个人，需要更全面地考察和较长时间的相处。

心理效应

首因效应（Primacy Effect）也叫第一印象效应或优先效应，指的是人们在评价他人时，会先入为主，受到第一印象的影响。美国心理学家卢钦斯（A.S.Lochins）在 1957 年通过心理学实验证明了首因效应的存在。

首因效应不仅会影响人们对他人一开始的判断，而且会在未来很长一段时间内影响人们对他人的评价。如果一个人一开始就给人留下了好印象，那么人们可能会在未来很长一段时间内愿意与之亲近；如果一个人一开始给人留下了不好的印象，那么人们可能会在未来很长一段时间内对其冷淡。

在团队管理中，首因效应可能导致管理者误判员工的能力和潜力。通过使用全面、客观的评价方法，团队管理者可以克服首因效应的影响，准确地评价员工。

首因效应对团队可能造成的 4 类影响

评价错误 **01** 首因效应可能造成团队管理者错误评价人才，尤其是对还没有入职的员工或者是对新员工的评价。

出现倾向性和盲目性 **02** 如果仅凭第一印象评价他人，则可能造成团队内部缺乏信任和成员间缺乏了解，可能会出现倾向性和盲目性。

沟通不畅 **03** 一开始的负面印象可能导致团队内部缺乏信任，会出现隐瞒和误解，影响信息的传递和共享，导致团队沟通效率低下，难以形成一致的行动。

氛围变差 **04** 如果仅凭第一印象就对团队成员定性，会导致团队成员之间互相不信任，产生戒备心理，造成团队氛围变差，影响团队成员间的相互协作。

团队管理者避免首因效应的
4 个关键

观察员工在一段时间内的整体表现和长期表现，而非仅关注个别的、初始的、短期的事件，以减轻首因效应的影响。

评价员工时，关注员工在不同时间和不同场景中的表现，关注员工各方面的表现，包括工作技能、沟通能力、团队协作等。

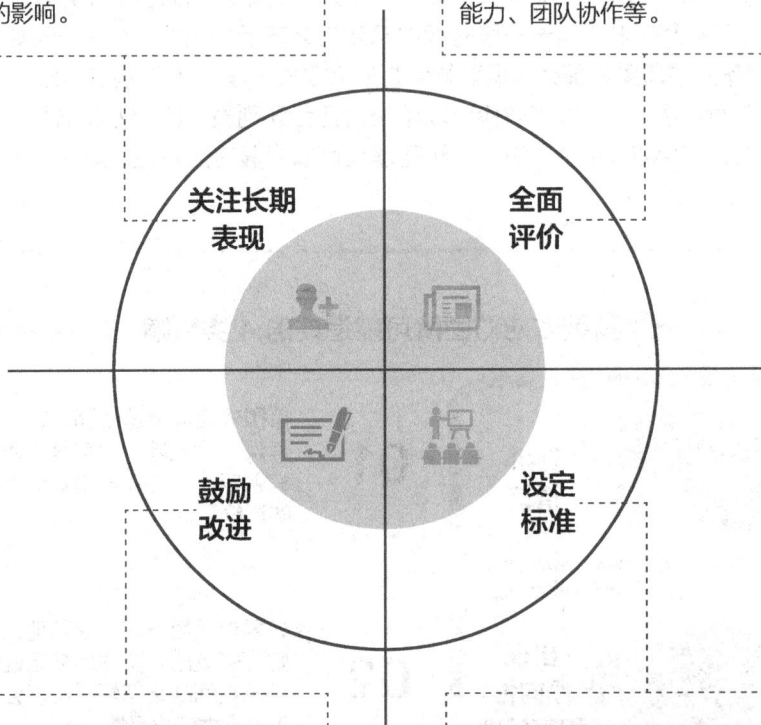

**关注长期
表现**

**全面
评价**

**鼓励
改进**

**设定
标准**

如果员工一开始没有表现好，则应给予员工充分的时间和机会改进，避免因为首因效应而过早地对员工下定论。

评价的标准应当是客观的，而且要视情况回顾、调整评价标准，确保评价标准能够全面反映员工的能力和潜力。

● 小贴士 ●

　　评价是双向的，外部人才或新员工对团队管理者的评价同样存在首因效应，如果团队管理者总是给人留下不好的印象，则不利于团队发展。所以团队管理者平时要注意自己的言行举止，充分尊重他人，给别人留下好的第一印象。

6.2　序列效应：出场顺序可能影响评价

1 我发现我们在面试新员工的时候，候选人的出场顺序似乎影响着面试的结果。

2 没错，有时候普通人才排在较差人才后面，就会显得优秀；而优秀人才排在更优秀的人才后面，就会显得普通。

3 当天头几个候选人的优秀程度也会影响对后面出场的候选人的评价。

4 是的，先出场的候选人会成为评价后面出场的候选人的参照。

5 好奇怪呀，这是什么原因呢？

6 这是因为存在序列效应，任务或事件的出现顺序对人们的认知和判断能够产生某种影响。

●问题拆解●

　　人们对不同人、事、物的评价讲究先来后到，对前者的评价可能会影响对后者的判断。在团队管理中，序列效应可能导致对人的评价出现不公平或不客观的情况，在新员工选拔和老员工评价中可能出现误判。

● 心理效应 ●

序列效应（Sequence Effect），也叫顺序效应或次序效应，指的是人、事、物的出现顺序对人们的认知和判断产生影响的现象。序列效应可能引起不客观的评价或误判。

在有的综艺节目或体育赛事中，选手的出场顺序影响着评委对选手的评价。为避免这种情况发生，有的节目或赛事由选手通过抽签决定出场顺序，有的则是通过初赛的成绩决定出场顺序，成绩差者先出场，成绩好者后出场。

在团队管理中，序列效应可能导致评价不客观、不公平或结果失真。如果对新员工的评价存在序列效应，可能错失优秀人才；如果对老员工的评价存在序列效应，可能打击老员工的积极性。

● 可能产生序列效应的 3 种情况 ●

当评价多个类似的人、事、物时，免不了进行比较。这时候会出现类似冷热水效应的现象，评价会受之前经历的影响。

评价人的专注力和精力是有限的，当需要评价较多的人、事、物时，评价人难免会产生疲劳感，出现一开始精力集中，之后精神涣散的情况。

疲劳

比较

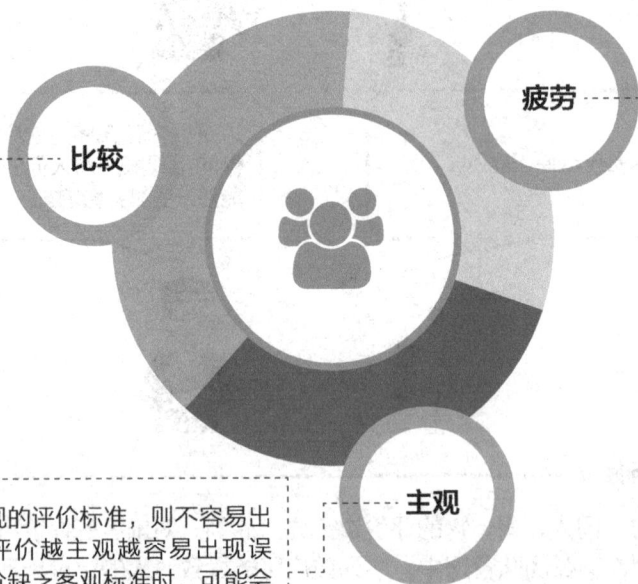

主观

假如有客观的评价标准，则不容易出现误判。评价越主观越容易出现误判，当评价缺乏客观标准时，可能会出现误判。

团队管理者避免序列效应的 4 个关键

在评价员工时，可以采用随机顺序，确保评价过程中的环境因素稳定，并尝试采用多次评估的结果。

让不同的评价者对同一被评价者进行评价，或者将待评价人员分成若干小组，分阶段、分批次进行评价。

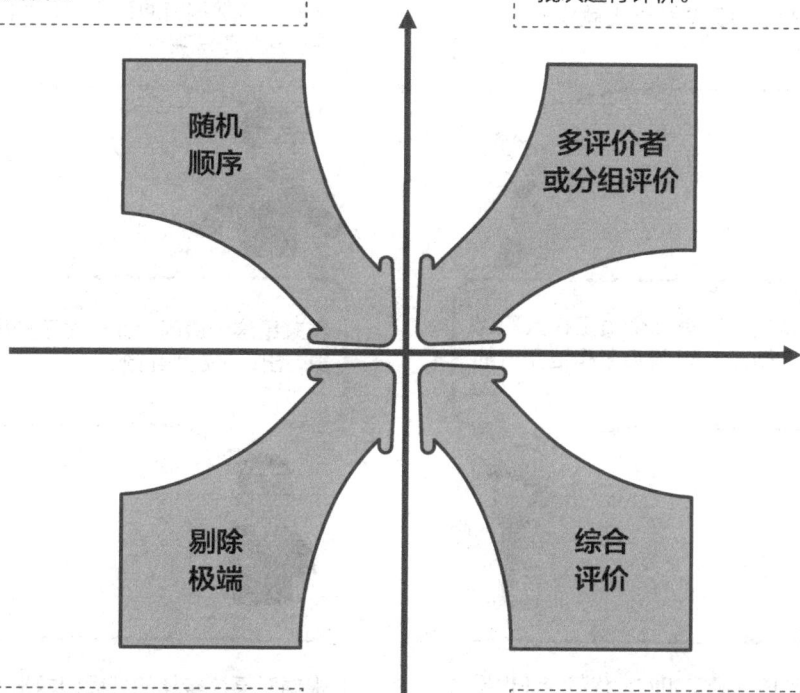

随机
顺序

多评价者
或分组评价

剔除
极端

综合
评价

当出现较好或较差的被评价者时，应该谨慎对待，可以剔除这部分被评价者，也可以暂停当前评价，缓和评价者的情绪后再评价。

通过使用不同的评价方法综合评价员工，避免过分依赖个别评价方法。如果时间允许，可以定期对员工进行评估。

小贴士

序列效应对人们记忆和判断的影响是不同的。对记忆来说，最先出现和最后出现的事物更容易被记住；对判断来说，前面出现的事物往往是后面出现的事物的参照，最先出现的事物往往是整体事物的参照。

6.3 定型化效应：避免用刻板印象评价他人

1. 我觉得 20 多岁的员工比较有冲劲儿，超过 35 岁的员工就没有冲劲儿了。

2. 我不这么想，我见过很多超过 40 岁的人依然很有冲劲儿。你为什么会有这种想法呢？

3. 我团队曾经就有几个员工在入职时很有冲劲儿，35 岁后就像泄了气的皮球。

4. 看来是这个原因让你产生了刻板印象，出现了定型化效应。

5. 这么说的话确实如此，我曾经还根据这种刻板印象进行新员工招聘，现在想起来真不应该。

6. 根据对某个群体的刻板印象来评价属于这个群体的个人，会导致不公平的人才评价。

● **问题拆解** ●

　　不要简单地将具备某一类特征的人才归为一类，也不要因为人才具备某一类特征就直接揣测、定义或判断人才的全部面貌。

● **心理效应** ●

定型化效应（Stereotype Effect），也叫社会刻板印象（Social Stereotype），是人们对某个群体产生一种固定的看法和评价，并对属于该群体的个人也给予这一看法和评价。

社会心理学家阿列克谢·包达列夫（Alexey Bodalev）在1965年提出定型化效应并做了相关心理学实验。他把一个下巴外翘、眼睛深凹的男性的照片给2组人看，告诉第1组的人这个人是个罪犯，告诉第2组的人这个人是位著名的学者，并邀请2组人评价照片里的这个人。

结果第1组的人认为这个人的面部特征体现了他狡诈、凶狠，甚至顽固不化的性格；第2组的人则认为这个人的面部特征体现了他思想深邃，对真理有顽强的探索精神。对同一个人截然不同的2种评价说明人们并不是根据所见来客观评价人的，而是根据某种印象来评价人的。

在团队管理中，定型化效应可能会导致员工因其年龄、性别、背景等特征而受到不公平的评价，影响员工的潜力挖掘和团队的人才选拔。例如评估年轻员工的领导能力过低或评估年长员工的创新能力过低。

● **容易出现定型化效应的6个维度** ●

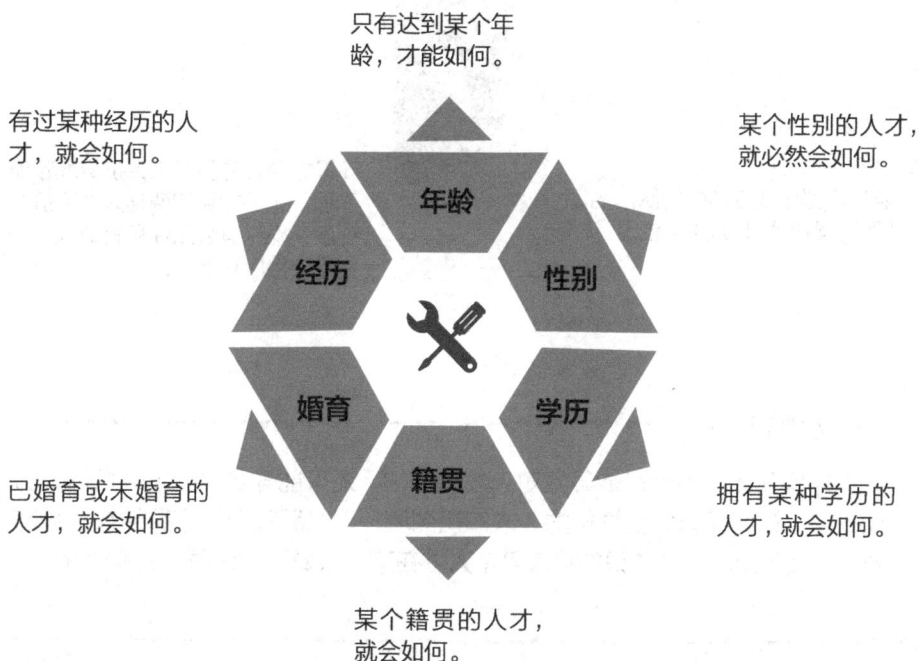

只有达到某个年龄，才能如何。

有过某种经历的人才，就会如何。

某个性别的人才，就必然会如何。

年龄

经历　　性别

婚育　　学历

籍贯

已婚育或未婚育的人才，就会如何。

拥有某种学历的人才，就会如何。

某个籍贯的人才，就会如何。

避免定型化效应的 4 个关键

谨慎使用标签，避免给员工贴上代表刻板印象的标签，例如某个员工"年轻有为"或某个员工"缺乏经验"等，以免影响对员工的评价。

避免根据对员工所属群体的刻板印象来评价员工，关注员工的潜质、个人特点和实际表现。

慎用
标签

营造
氛围

关注
潜质

标准和
流程

避免定型化效应影响团队的内部团结，营造和谐的团队氛围。

设立公正的新员工评价标准和流程，定期检查和调整人才评价制度，确保其公正性和有效性，公平对待所有员工。

● 小贴士 ●

定型化效应不仅可能导致对人才的低估，还可能导致对人才的高估。例如，有人认为拥有博士学位的人才知识渊博，入职后就能给产品带来技术创新。而实际上博士学位只能代表某个人才在某个领域某个课题上的专业性。

6.4 曼德拉效应：尊重事实而非记忆

1 最近我发现有个员工的表现跟我对他的印象不太一样，我之前觉得他是优秀的，怎么最近觉得他和我想的不一样呢？

2 记忆是存在偏差的，也许是你记错了。

3 可我问了几个员工，他们之前也对这个员工有正面评价。

4 这可能是因为曼德拉效应，人们对过去的集体记忆与实际不符。

5 啊？还会出现这种现象？那我该如何避免这种情况呢？

6 在进行人才评价时，要尊重客观事实，而不能仅依赖于自己或其他人的记忆。记忆不一定准确。

● **问题拆解** ●

俗话说，"耳听为虚，眼见为实"，人的记忆不可避免地存在偏差。而且这种偏差有时候并不只存在于个体，还可能出现在群体中。所以，不能全信自己的记忆，也不能全信很多人的记忆。

● 心理效应 ●

曼德拉效应（Mandela Effect）指的是人们对某段历史或事件的群体记忆出现偏差的现象。

这个效应的由来是：在很多人的记忆中，南非总统纳尔逊·罗利赫拉赫拉·曼德拉（Nelson Rolihlahla Mandela）应该是 20 世纪 80 年代在监狱中死亡的，但事实并非如此，曼德拉实际上是 2013 年在约翰内斯堡住所逝世，享年 95 岁。

曼德拉效应在生活中很常见，例如很多人对迪士尼经典形象米老鼠的记忆是米老鼠穿着背带裤，但实际上米老鼠只穿着短裤，没有背带。

团队管理者在对员工的工作进行评价时要尊重事实，不能仅凭记忆，很多时候，就算是群体记忆也不一定靠得住。

● 产生曼德拉效应的 4 个原因 ●

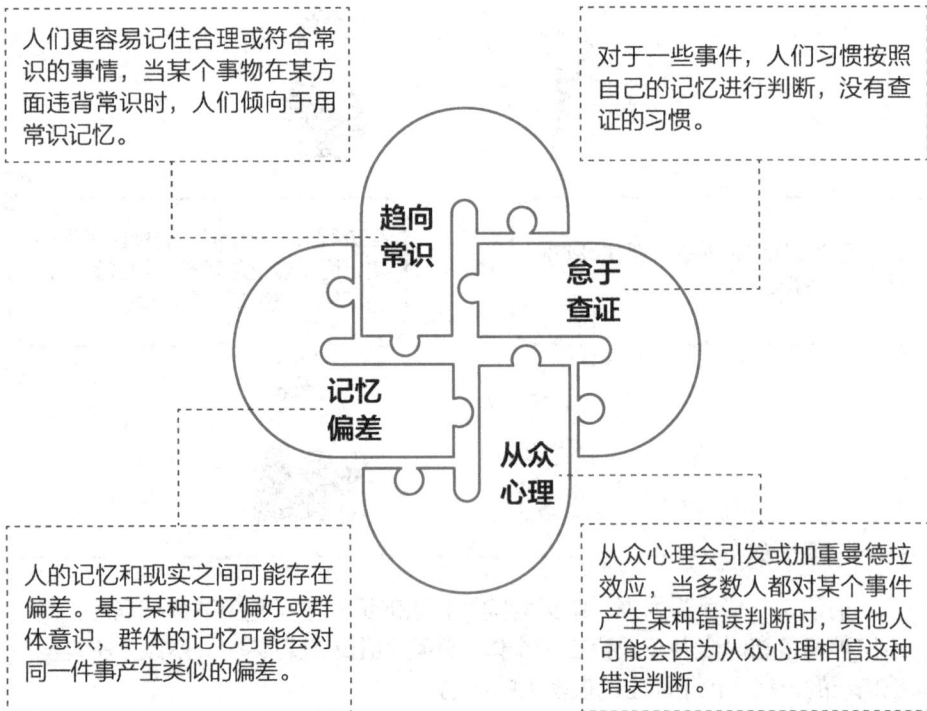

人们更容易记住合理或符合常识的事情，当某个事物在某方面违背常识时，人们倾向于用常识记忆。

对于一些事件，人们习惯按照自己的记忆进行判断，没有查证的习惯。

趋向常识

怠于查证

记忆偏差

从众心理

人的记忆和现实之间可能存在偏差。基于某种记忆偏好或群体意识，群体的记忆可能会对同一件事产生类似的偏差。

从众心理会引发或加重曼德拉效应，当多数人都对某个事件产生某种错误判断时，其他人可能会因为从众心理相信这种错误判断。

团队管理者避免曼德拉效应的 4 个关键

为避免曼德拉效应对员工评价的影响，团队管理者应详细记录员工的工作表现，以便在进行评价时有具体的依据。

评价要有依据，要寻找客观证据。团队管理者要培养"证据意识"，一切判断都要以某个有证据证明的客观事实为依据。

客观记录

寻找依据

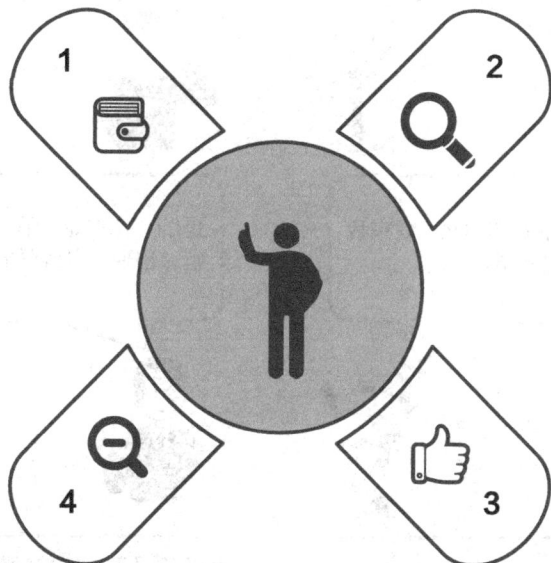

缩短周期

鼓励自评

缩短员工评价的周期，在较短的周期内定期评估，避免因间隔较长而出现记忆偏差，以便及时发现和纠正潜在的评价问题。

鼓励员工自我反思，通过自评提高员工的自我认知水平，并将员工的自我认知与团队管理者的评价、其他人的评价和客观事实比较。

小贴士

谣言、谎言和错误信息也是引发曼德拉效应的因素之一。一些见闻也许与人们的工作或生活没有联系，人们没有必要刻意去验证信息真伪，或者也不具备辨别信息真伪的条件，于是产生了与现实不符的记忆，引发了曼德拉效应。

6.5 晕轮效应：一白遮百丑

1 我在进行员工评价时，总觉得那些言谈举止得体的员工的工作能力更强，我会倾向于给他们更高的评价。

2 言谈举止得体只能展现出员工的某项能力，通过这个就判断员工的工作能力强，恐怕不妥。

3 你这么一说，似乎确实如此，看来我的这种评价方式并不准确。

4 是的，你这是受到了晕轮效应的影响，出现了以偏概全的情况。

5 晕轮效应？这是什么意思？

6 评价员工时的晕轮效应就是仅凭员工的某项比较突出的外在特征来判断其工作能力，这样会导致评价不公正。

问题拆解

俗话说，"一白遮百丑"，这揭示了人们在评价他人时容易受到晕轮效应的影响，即根据被评价者比较突出的特征来评价他。

● 心理效应 ●

晕轮效应（Halo Effect）又叫光环效应或光圈效应，是指人们在评价他人时，往往会根据这个人的某个特征来判断其其他特征。

晕轮效应最早是由美国著名的心理学家爱德华·李·桑代克（Edward Lee Thorndike）于 20 世纪 20 年代提出的，后来被美国心理学家戴恩（Dion）、美国心理学家哈罗德·哈丁·凯利（Harold Harding Kelley）和美国心理学家理查德·尼斯比特（Richard Nisbett）相继通过心理学实验证明。

在团队管理中，晕轮效应通常表现为管理者在评价员工时，容易受到员工的某个优点或缺点的影响，从而导致对员工整体能力的评价失真。

例如，一个言谈举止得体的员工的工作能力可能会被高估；而一个不善言辞的员工的工作能力可能会被低估。

产生晕轮效应的 3 个原因

人们在认识人、事、物时，并不倾向于关注其细节特征，不愿区分和认识其个别属性，而是倾向于给其做整体评价。

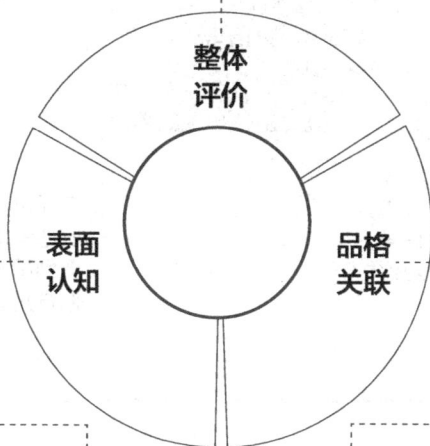

整体
评价

表面
认知

品格
关联

人们在认识人、事、物时，倾向于关注外在的、局部的特征，期望快速给出正面或负面的评价。

人们倾向于认为某些品格之间具备一定的关联性。例如一个乐于助人的人可能很容易相处；一个自私自利的人可能难以沟通。

避免晕轮效应的 4 个关键

如果某个员工的优点特别多，就可以尝试思考一下他有哪些缺点；如果某个员工的缺点特别多，就可以尝试思考一下他有哪些优点，这样可以在一定程度上避免晕轮效应。

在评价员工能力时，要区分主要能力和次要能力，要关注员工的细节表现，而不仅仅是外在特征或某个特点。

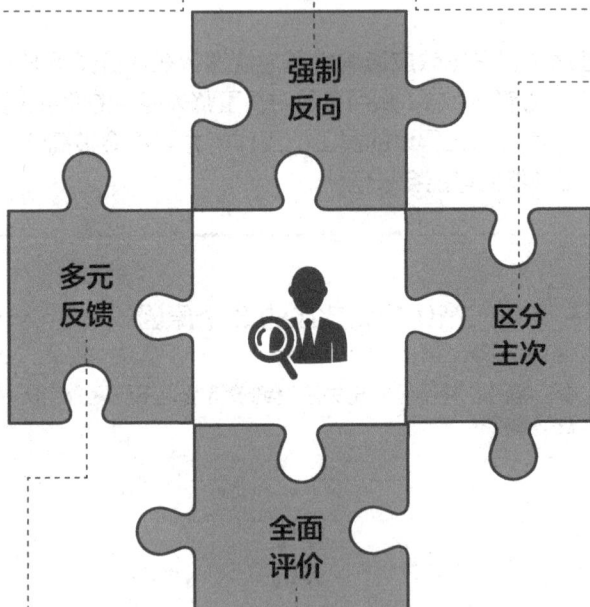

强制反向

多元反馈

区分主次

全面评价

采用多元反馈方法评价员工，例如全面评价、同事互评等，以减轻个体的主观态度对评价结果的影响。

在评价员工时，要全面地、系统地考虑员工的表现，避免只看到员工的某个特点而忽视其他方面。

小贴士

晕轮效应有正向和负向之分。正向的晕轮效应是当张三发现李四在某个方面有比较显著的优点时，就认为李四在其他方面也有优点；负向的晕轮效应是当张三发现李四在某个方面有比较显著的缺点时，就认为李四在其他方面也有缺点。

6.6 近因效应：好评价可以被塑造

1 最近张三向我反映我对李四的绩效评价不够全面，说我给李四好评只是因为李四近期表现好，没有考虑他以前的绩效表现并不好。

2 那你认为张三说的话对不对？事实是不是这样呢？

3 我仔细想了想，觉得事实确实如此。

4 你可能受到了近因效应的影响。近因效应是指在评价过程中，人们容易受到近期事件或信息的影响，而忽略了历史表现。

5 那我应该如何克服近因效应，更客观地评价员工呢？

6 你需要对员工的长期表现进行全面了解和评估，不仅要关注近期表现，还要从多个维度对员工的表现进行评估，比如工作成果、团队合作能力、创新能力等。

◆ 问题拆解 ◆

路遥知马力，日久见人心，长期相处往往能使人看清一个人的本性。有些员工喜欢钻空子，一开始表现平平，在将要评估打分时却努力表现，误导评价者对其做出高于实际情况的评价。

● 心理效应 ●

近因效应（Recency Effect），也叫新颖效应，指的是人们在评价人、事、物时，会受到最近出现的刺激或信息的影响。美国心理学家洛钦斯（Lochins）在 1957 年通过心理学实验证明了近因效应的存在。

例如，甲有个交往多年的朋友乙，本来彼此关系不错，每周都要见面。但他们在最近一次交流中出现误解，发生争执，乙给甲留下了不好的印象，从此不再见面。如果在发生争执前让甲对乙进行评价，评价会是正面的；但在发生争执后让甲评价乙，评价会是负面的。

在团队管理中，近因效应可能导致管理者仅凭员工最近的表现忽略其长期绩效而做出评价。为了克服近因效应，管理者需要对员工的表现进行全面、客观地评估，并在评价过程中充分考虑员工的长期表现。

● 产生近因效应的 4 类原因 ●

最近的信息给人留下的印象较深刻，当最近的信息和一些触发情感波动的信息有关系时，记忆会较深。

人们对别人的印象会随时间发展变化，当人们基于近期的某些事件对某人的印象发生某种变化，之前对某人的印象会被弱化。

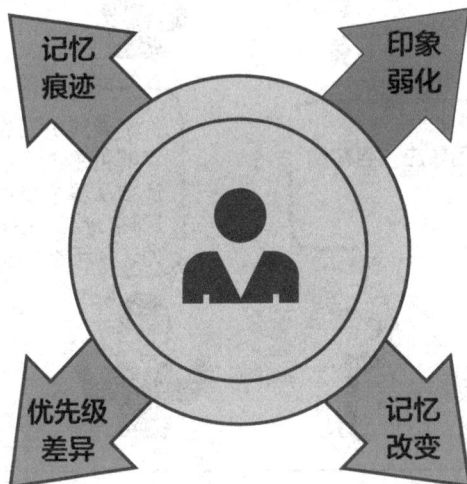

记忆
痕迹

印象
弱化

优先级
差异

记忆
改变

人们对信息的重视程度因为信息的分类不同而不同，某些信息的优先级更高，更容易被记住。

当最近的信息和之前的记忆相差较大时，之前的记忆会被弱化，甚至可能被改变。

团队管理者克服近因效应的
4 个注意事项

缩短评价周期

缩短员工的绩效评价周期，例如可以每月评价一次，避免以年度为单位实施评价时产生的近因效应。

回顾过去

定期回顾员工的历史表现，以便在评价时充分考虑较长时间前的绩效，将员工在一段时间内的绩效表现看成一个整体。

结合事实和数据

结合客观事实和数据做评价，减少主观评价的影响，采用多种评价方法，以减少单一评价方法带来的偏见。

全面评价

设立全面的评价体系，在评价员工时，应从多个维度进行评估，如工作成果、团队合作能力、创新能力等。

小贴士

印象并不是一成不变的。近因效应告诉我们，甲给乙留下的好印象，可能因为一些近期发生的事件而变差；甲给乙留下的不好的印象，也可能因为一些近期发生的事件而变好。所以当我们给别人留下不好的印象时，可以利用近因效应改变其印象。

6.7 投射效应：与你相似的人不一定优秀

1 我团队里有个人的经历和我一样，我觉得这个人非常具备做管理者的潜质。

2 也许你是对的，但你要注意投射效应，你对这个人的评价可能不客观。

3 投射效应是什么意思？

4 人们在评价他人时，往往容易将自己的特征或经历投射到他人身上，认为拥有与自己类似的特征或经历的人也具备与自己类似的特质。

5 这么说起来，我确实没有客观评价这个人，只是因为他拥有和我类似的经历，就觉得他有潜力。

6 你在评价他人时要基于他们的表现，而不是在他们身上看到自己或熟知的人的影子后，就进行主观判断。

• 问题拆解 •

俗话说，"物以类聚，人以群分"，人们倾向于把具备与自己类似的特征或经历的人与自己划归为一类人，认为其在其他方面与自己也是类似的。这可能导致团队管理者对团队成员的评价失去客观性，从而产生误判。

● **心理效应** ●

投射效应（Projection Effect）是指人们在评价他人时，容易按照自己的特征或经历评价别人，而不是按照别人的真实情况客观评价。例如心地善良的人会觉得别人也是心地善良的；精于算计的人会觉得别人也是精于算计的。

美国心理学家罗斯（Ross）通过心理学实验证明了投射效应。罗斯征求了 80 名大学生的意见，询问他们是否愿意背着一块大牌子在学校里走。其中有 48 名学生表示愿意，32 名学生表示拒绝。表示愿意的学生普遍认为大部分学生愿意，表示拒绝的学生认为大部分学生会选择拒绝。

投射效应在人才评价中非常常见，尤其是团队管理者在评价团队成员的能力、潜质等方面时。

投射效应常见的 3 种表现

人们把自己的主观愿望强加给对方。例如甲认为乙在某方面很优秀，即使乙表现一般，甲也会觉得乙在这方面很优秀。

人们仅凭别人与自己在某方面相似而做出不客观的评价。例如甲因为乙和自己是同乡，且都在某个学校上过学，就认为乙值得培养。

主观愿望投射

相同投射

情感投射

人们对自己喜欢的人，越看越喜欢，会不自觉地寻找他的优点；对自己不喜欢的人，越看越不喜欢，会不自觉地寻找他的缺点。

团队管理者避免投射效应的
4 个关键

**反思
自我**

反思自我，时刻检查自己的评价是否受到投射效应的影响，进行自我批判和修正。不要过分关注被评价者与自己相似的特点，避免评价失去客观性。

**客观
评价**

站在他人的角度思考问题，以被评价者的实际表现为依据，客观地发现和理解团队成员的特征，避免过分关注与自己相似的特点。

**多维
评价**

从不同的评价维度观察和收集信息，关注被评价者在不同环境和任务中的表现，减少投射效应对评价的影响。

**外部
评价**

除了团队管理者的个人评价外，可以引入外部评价，邀请其他团队管理者或外部专业人士参与人才评价，以提高评价的客观性和准确性。

● 小贴士

投射效应虽然不利于人才评价，但可以帮助人们与他人更快地达成一致和建立联系，帮助人们更好地融入集体，构建和谐的人际关系。

6.8 邓宁－克鲁格效应：避免盲目自信

1 我发现团队里有些员工总是盲目自信，明明连自己的业务都还没做好，就觉得自己可以做管理者了。

2 有梦想是好的，但有时候能力还不足以实现梦想。

3 这不就是"无知者无畏"吗？

4 你遇到的这种现象是邓宁－克鲁格效应。若人们意识不到自己能力不足，其是难以被改变的。

5 那我应该怎么做呢？我担心他们的这种过度自信会影响团队的发展。

6 你可以采取一些策略来帮助他们更客观地认识自己，并且给他们提供学习和发展的机会。

● 问题拆解 ●

　　能力较弱且无知的人往往会高估自己的能力，产生一种优越感。那些不知道自己不知道的人，往往连自己不知道什么都不知道，而且他们还可能无法客观评价别人。

心理效应

邓宁 - 克鲁格效应（the Dunning-Kruger Effect）是一种认知偏差现象，表现为能力不足的人常常高估自己的能力，而且无法客观评价别人的能力。

例如，某个从来没有开过车的人，觉得开车很容易，认为自己一学就会；一个从来没有学过某个学科的人，觉得这个学科的知识很浅显，认为自己一学就能取得优异的成绩。

1999 年，心理学家戴维·邓宁（David Dunning）和贾斯廷·克鲁格（Justin Kruger）通过一系列心理学实验证明了这个效应。

邓宁 - 克鲁格效应的出现往往是由于人们缺乏自我反省和客观评价的能力，邓宁 - 克鲁格效应使得能力不足的人很难意识到自己的不足，并做出相应的改进。

邓宁 - 克鲁格效应的 4 种结果

能力较弱者往往会高估自己的能力，且能力越弱的人越容易高估自己。

能力较弱者往往不能认识到同领域内能力较强者的真实水平，往往认识不到自己与能力较强者的差距。

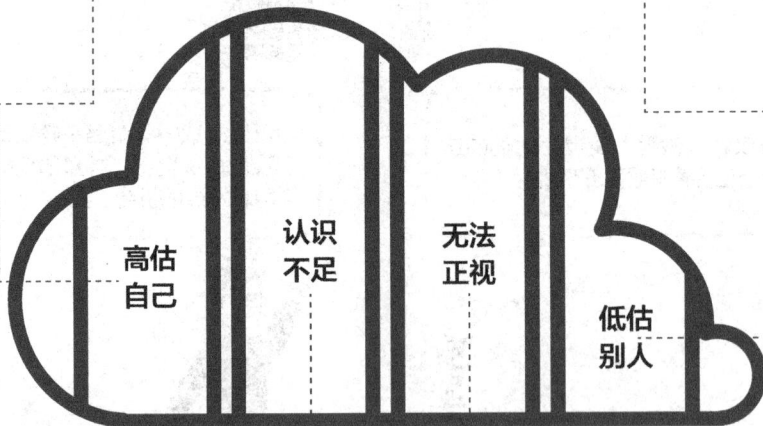

高估自己

认识不足

无法正视

低估别人

能力较弱者在经过恰当的训练后，随着能力的提升，逐渐认识到自己的不足且承认自己曾经的无知。

能力较弱者往往不能清醒地认识到自己的不足之处，能力越弱的人往往越容易发生这种情况。

团队管理者应对邓宁 - 克鲁格
效应的 4 个关键

鼓励员工自我质疑，并持续检验和反思自己的认知和判断。这可以帮助员工提高自我认知水平，找到自己的不足之处，进而提高和改进自己的能力和表现。

帮助团队成员持续学习和成长。鼓励团队成员参加培训、分享会、研讨会等活动，提供学习机会和资源，促进团队成员之间的学习和交流。

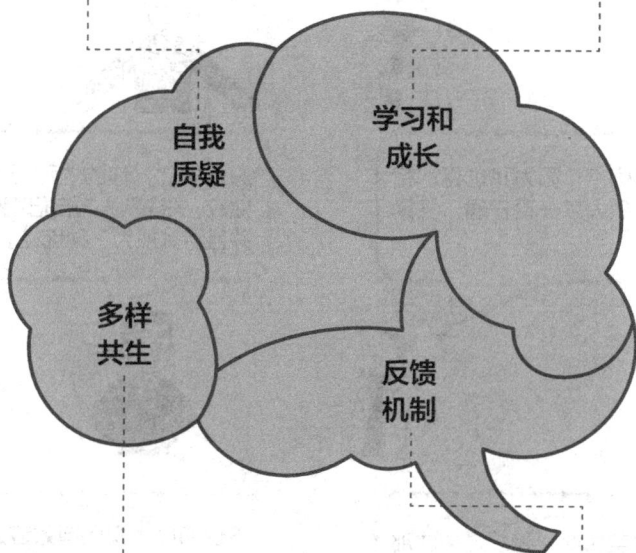

自我质疑

学习和成长

多样共生

反馈机制

团队成员的多样性可以带来不同的经验和观点，从而促进团队的协作和创新。团队管理者应该发挥每个人的优势，让每个人都有机会发表自己的意见和建议。

建立有效的反馈机制可以帮助团队成员及时了解自己的不足和错误。团队管理者可以鼓励员工互相反馈，互相提供有建设性的建议，帮助彼此成长和提高。

小贴士

不同员工的能力层次是不同的，作为团队管理者，应关注员工的能力层次，给予相应的任务和挑战，以促进个人和团队的发展。团队管理者可以鼓励员工分享经验和互相学习，例如通过组织内部的学习交流会、知识分享会等活动，促进员工之间的互动和交流，从而提高团队整体的能力水平。

6.9 视网膜效应：关注什么就出现什么

1 我发现团队里的张三有个优点，就是特别喜欢跟别人攀谈。

2 主动跟别人攀谈，应该只是一种沟通习惯吧？这能算优点吗？万一别人不希望被攀谈呢？

3 我觉得这就是优点，因为我也喜欢和别人攀谈，不然大家一直安静，气氛多尴尬。

4 原来如此，你的这种观点叫视网膜效应，关注别人与自己相似的特质，并且将其视为一种优点。

5 这么说起来确实如此，我总是关注那些和自己相似的人，在对优点的判断上有些偏颇。

6 不仅如此，视网膜效应还可能让你对那些具备和你一样缺点的人格外关注。

● 问题拆解 ●

人们越关注什么，就会发现周围越出现什么；人们越在意什么，就越容易看到什么。当人们拥有某项特征时，就会比平常更注意别人是否具备跟自己一样的特征。当评价别人时，如果只关注自己具备的特质，会影响到评价的客观性。

• 心理效应 •

视网膜效应（Retinal Effect），也叫孕妇效应，指人们具备某种特质时，会比平时更加注意别人是否也具备这种特质。当人们开始对某方面关注时，这方面的内容就更容易出现在周围。

例如，当女性没有怀孕时，注意不到周围的孕妇。当女性怀孕后，就会觉得周围有好多孕妇。实际上，周围的孕妇数量并没有因为某女性怀孕而增加。某人穿了一件自认为特别新潮的衣服，结果上街后发现很多人都穿了与自己款式相似的衣服。

戴尔·卡内基（Dale Carnegie）曾说："人的特质中有 80% 是优点，20% 是缺点。"如果人们总盯着自己的缺点，会发现周围的人有与自己类似的缺点。如果人们盯着自己的优点，就会发现周围的人也有类似的优点。

在团队管理中，视网膜效应可能导致管理者在评价人才时过于关注周围的人与自己相似的特点，影响评价的客观性。

产生视网膜效应的 4 个原因

当人们把注意力过多地放在某个领域时，更容易注意到这个领域相关的事物。

因为注意力有限，当人们特别关注某方面时，其他方面就容易被忽略。

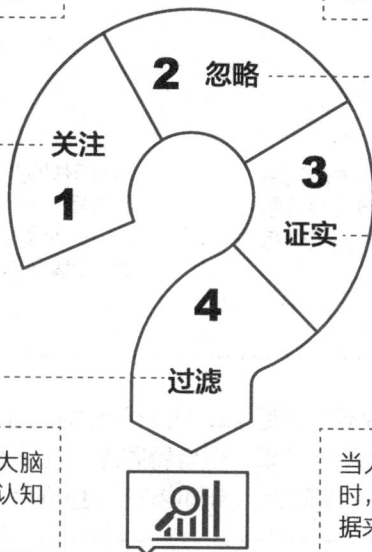

2 忽略

关注

1

3

证实

4

过滤

一旦形成了某种认知，大脑会不自觉地过滤与自己认知不一致的内容。

当人们形成某种印象或观点时，会下意识地寻找各类证据来证实自己的观点。

基于视网膜效应
团队管理者的 4 点注意事项

评价别人时，先暂停一下，评判自己评价别人时的关注点是否为对方是否具备与自己相同或相似的特质。

保持谨慎判断，不要因为某个员工和自己在某方面有相似的特质，就轻信这个员工的一面之词，或者和这个员工走得太近。

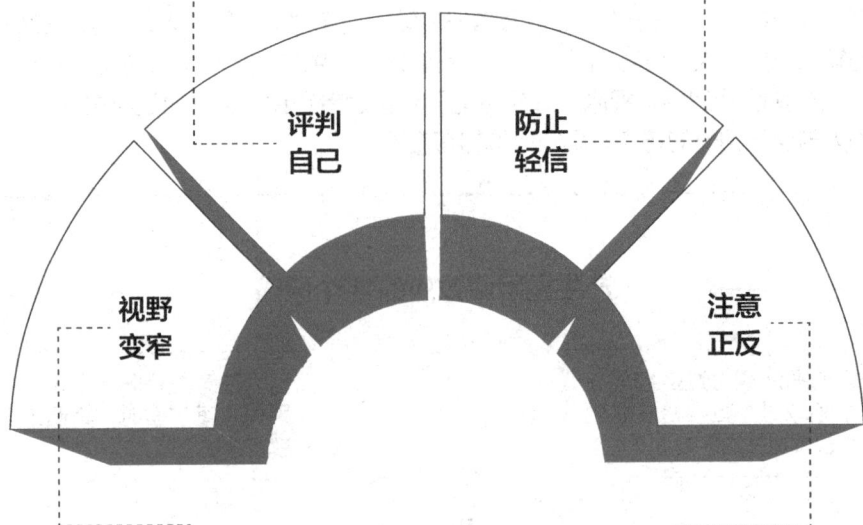

评判
自己

防止
轻信

视野
变窄

注意
正反

对某个特质，人们可能有不同的判断，然而这并不关键。视网膜效应会导致人的判断视野变狭窄，而不是对某个特质持有正向或负向的判断。

正向的视网膜效应是自己有某种优点，又总能发现周围的人也具备这种优点。负向的视网膜效应是自己有某种缺点，又总能看到周围的人也具备这种缺点。

小贴士

有时候，视网膜效应是人们不改变自己行为的借口。例如，抽烟的人知道抽烟对身体不好，也希望戒烟，但看看周围，发现很多人都在吸烟，也就心安理得地继续吸烟了。实际上，周围也许有更多的人并没有吸烟。

07

团队发展

高效的团队发展有助于团队提高绩效，促进团队的创新和变革，建立团队文化，鼓励团队成员探索新的想法和做法；有助于更好地实现团队目标，提高团队竞争力；有助于团队成员建立高效的工作流程，充分发挥团队成员的潜力，并更好地完成团队任务。

7.1　人才培养

　　团队管理者通过人才培养，培养和提高团队成员的工作能力，提高团队绩效，建立团队核心力量，推动团队创新，提高员工满意度和忠诚度，以及建立高效的工作文化。

　　团队管理者在实施人才培养时，可能用到的心理效应包括蘑菇效应（Mushroom Effect）、罗森塔尔效应（Rosenthal Effect）和彼得原理（the Peter Principle）。

7.1.1　蘑菇效应：关注新员工

1　我发现最近入职的新员工很多人没有留下，不少人还没过试用期就主动离职了。

2　你有没有研究这些新员工为什么离职呢？

3　我之前没在意，后来对每个离职的员工我都做了访谈，发现很多人是因为自己没有受到关注而离职。

4　这些离职的员工应该是陷入了蘑菇效应，也就是新员工在一段时间内可能会被忽视或被冷落。你需要尽早解决这个问题，以免造成进一步的人才流失。

5　确实，我注意到有些新员工在公司里受到了冷落。那么，我应该如何解决这个问题呢？

6　首先，你需要给新员工提供足够的支持和培训，帮他们找到自己的位置。其次，你也要关注他们的成长，确保他们得到应有的关注和重视。

● **问题拆解** ●

　　人们希望得到他人的关注，新加入团队的员工更是如此。如果团队管理者不重视对新员工的培养，新员工很可能难以融入团队，难以发挥优势。

心理效应

蕴菇效应（Mushroom Effect）是一种职场现象，指新员工在进入公司后，可能会遭受冷落、怀疑或不公待遇。

这种情况就像是蘑菇生长在阴暗的角落，在没有肥料的情况下自生自灭，只有在长到足够高的时候才会被人发现和关注。

团队管理者要规避蘑菇效应在人才培养方面的负面影响，尤其要提高对新员工的关注度和重视对老员工的培养，避免出现人才的流失。

蘑菇效应可能产生的 4 类影响

新员工入职后若得不到关注和支持，很可能变得情绪低落，没有归属感，感受不到来自团队的尊重，在一段时间后会选择离职。

没有被关注的员工可能在目标和工作内容上与团队管理者的期望产生偏差，所产生的工作成果并不是团队管理者想要的。

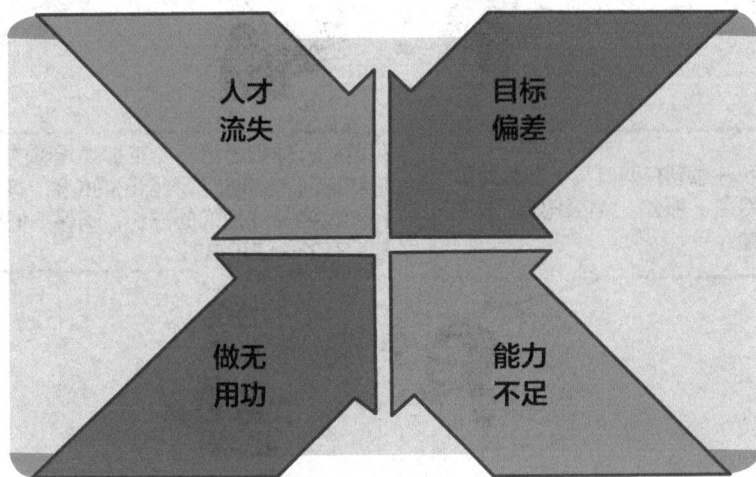

人才
流失

目标
偏差

做无
用功

能力
不足

不被关注的员工得不到有效的培训和指导，可能会做很多无用功，走很多弯路。

因为没有被关注，员工在某些方面的能力可能存在不足。

基于蘑菇效应
团队管理者的 4 类注意事项

关注新员工的成长，确保他们得到应有的重视。

适时调整团队分工，让新员工有机会参与更多的项目，锻炼他们的能力。提高新员工的参与度，让他们参与团队决策，鼓励他们提出自己的想法和创意。

1

2

3

4

关注和重视

提供帮助

持续关爱

强化参与

制定明确的晋升机制，让新员工了解公司的晋升机制，激发他们的积极性。保持与新员工的沟通渠道畅通，及时了解他们的需求和困难，并提供帮助。给新员工提供足够的支持和培训，让新员工尽快融入团队，发挥他们的优势。

要有耐心，给予新员工足够的时间和空间去适应新环境。避免让新员工陷入孤岛效应，要让他们感受到团队的温暖和关爱。

● 小贴士 ●

定期评估新员工的绩效既是一种发现新员工优势，给予新员工肯定的方式，又是一种让新员工感受到被关注的技巧。绩效评估可以帮助新员工找到工作的目标和方向，激励新员工保持高效的工作状态。

7.1.2 罗森塔尔效应：合理期望

① 团队里有些员工不论怎么努力都没进步，我之前总是觉得他们不行，没想到他们真不行。

② 也许正是因为你对这些员工的期望值比较低，所以他们自然而然地就有了比较差的表现。

③ 难道我对员工抱有比较高的期望，员工就能变得优秀吗?

④ 有可能，根据罗森塔尔效应，你对员工的正面期望很可能转化为员工的优秀表现。

⑤ 那我是不是可以把对员工的期望抬得很高，这样员工就能表现得更好了?

⑥ 当然不是，期望要恰当，适度的期望有助于员工做出良好的表现；过高的期望则可能适得其反。

● 问题拆解 ●

　　欣赏引导成功，抱怨导致失败。人们的期望和关注会影响他人的表现。团队管理者对员工抱有恰当的期望能够激励员工维持积极的状态，但如果期望过高，则可能导致员工承受过大压力。

• 心理效应 •

罗森塔尔效应（Rosenthal Effect），又称皮格马利翁效应（Pygmalion Effect），是一种心理学现象，即预期效应或期望效应。根据罗森塔尔效应，人们对他人的期望会影响他人的行为和表现。如果人们对某个人的期望很高，这个人的表现往往会比预期的好。相反，如果人们对某个人的期望很低，这个人的表现往往会比预期的差。

美国心理学家罗伯特·罗森塔尔（Robert Rosenthal）和莉诺·雅各布森（Lenore Jacobson）在 1968 年通过一项著名的实验来证明罗森塔尔效应。他们在一个小学班级中，随机选择了一些学生，并告诉他们的老师这些学生的智力水平比其他学生更高。实际上，这些学生的智力水平与其他学生相同。然而，在接下来的一年中，这些学生的学习成绩比其他学生好，这一现象被解释为是老师对这些学生的期望更高所导致的。

这个实验显示了人们的期望对他人的表现有很大的影响。这也说明了管理者的期望对其下属的表现有着重要的影响。因此，在管理方面，管理者要注意对他人的期望和态度，以达到更好的效果。

• 团队管理中罗森塔尔效应的 4 种应用 •

鼓励员工学习和成长，提升员工的能力和素质。

设定合理的期望，既要让员工感受到挑战，又要让他们觉得目标可实现。

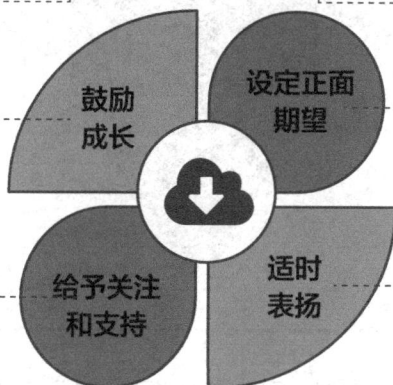

鼓励成长

设定正面期望

给予关注和支持

适时表扬

获取员工的信任，让他们感受到管理者对他们的关注和支持。

发现员工的优点，适时表扬员工，增强他们的自信心和自尊心。

基于罗森塔尔效应
团队管理者的 4 点注意事项

根据员工的个性差异给予激励，提高激励效果。同时关注员工的心理变化，及时发现和解决员工因工作压力产生的心理问题。

激励与关注

与员工保持良好沟通，了解他们在工作中遇到的问题和产生的需求。及时解决员工在工作中遇到的困难，提供必要的帮助和支持。

解决困难

员工的成长不能一蹴而就，所以不要急于求成，要有耐心，给员工足够的时间和空间来适应新的期望和挑战。

保持耐心

鼓励协作

鼓励团队内部的合作与交流，让员工相互学习、相互激励。公平对待所有员工，避免因偏爱某些员工而让其他员工感到失落。

● 小贴士 ●

在应用罗森塔尔效应时，团队管理者要了解员工的需求、设定合理的期望并给予适度的关注和激励，避免因期望过高导致员工承受过大的压力；同时要确保期望与员工的能力相匹配，避免因为期望过低影响员工的能力发挥。

7.1.3　彼得原理：合理晋升

1 我们团队今年一大批优秀员工要晋升，因为他们在当前岗位上做出了非常好的成绩。

2 如果只有这个原因，我建议你还是深入考察一下这些优秀员工的能力。

3 什么意思？难道优秀的员工不应该晋升吗？

4 在当前岗位上优秀，不一定代表在晋升后的岗位上也优秀，很可能有人无法胜任新岗位。

5 听起来好沮丧，不过仔细想想确实如此，这是什么原理？可我不给这些优秀人才晋升好像也说不过去，怎么办呢？

6 这是彼得原理。不是不能给优秀人才晋升，而是要谨慎晋升。晋升只是奖励的一种，对不适合晋升的人才，可以给予其他奖励。

● 问题拆解 ●

　　每种职位都有其特定的能力要求，每个人都有能力上限。我们不能根据人才在当前职位上的优秀表现，就判断其未来晋升到更高职位上也能表现得优秀。只有提高能力上限，我们才能胜任更高的职位。

● 心理效应 ●

彼得原理（the Peter Principle）是美国的管理学家劳伦斯·彼得（Laurence Peter）和雷蒙德·赫尔（Raymond Hull）对许多组织的人才晋升到无法胜任的某个职位的案例进行分析和归纳出来的。

彼得原理的具体含义是在一个存在层级制度的组织中，每个人都趋向于晋升到其不能胜任的职位。因为每一个在当前职位表现好的人才，都会因为其良好的工作表现晋升，如果其继续表现良好，则会持续晋升，直至其无法胜任某个职位。

彼得原理可能造成组织内员工能力和职位能力要求不匹配，无法人尽其责，使组织绩效降低，甚至可能造成人才流失。

彼得原理与后文将提到的帕金森定律（Parkinson's Law）和墨菲定律（Murphy's Law）被并称为 20 世纪西方文化三大发现。

● 彼得原理对团队管理可能造成的 4 类影响

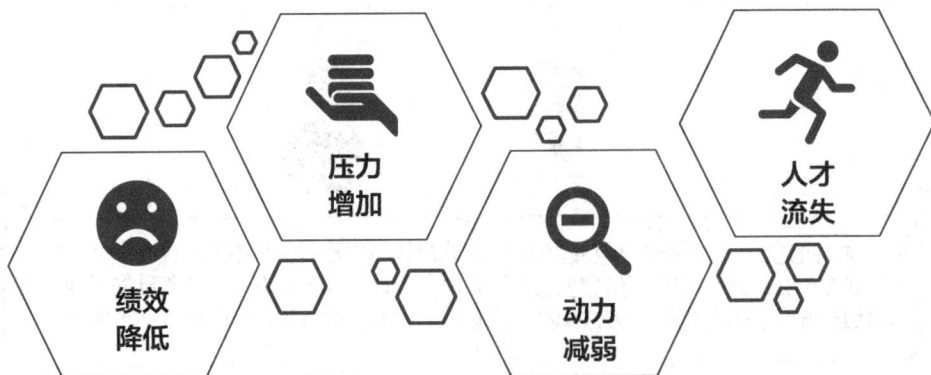

绩效降低

压力增加

动力减弱

人才流失

员工晋升到其不能胜任的职位时，其能力和岗位要求不匹配，其无法充分发挥能力，组织绩效降低。

员工在晋升到不能胜任的职位后，需要不断学习和适应新的工作内容和要求，这必然会增加员工的工作压力。

员工无法胜任新职位，其难以完成新的工作任务，可能会影响其工作满意度和工作动力，造成员工消极怠工。

员工无法完成职位工作时，可能选择离职。人才流失可能会对组织的长期发展造成负面影响。

规避彼得原理的 6 项建议

员工晋升的主要依据应是其能力是否和未来的职位要求相匹配，不能仅凭其在当前职位上的表现就判断其是否能胜任未来的职位。

能够晋升的员工应是未来成长的可能性较大者，而不仅是在当前职位上绩效水平较高者。

给待晋升员工提供学习资源和学习机会，并提供轮岗、试岗、顶岗学习的机会，让其提前接触和了解待晋升职位。

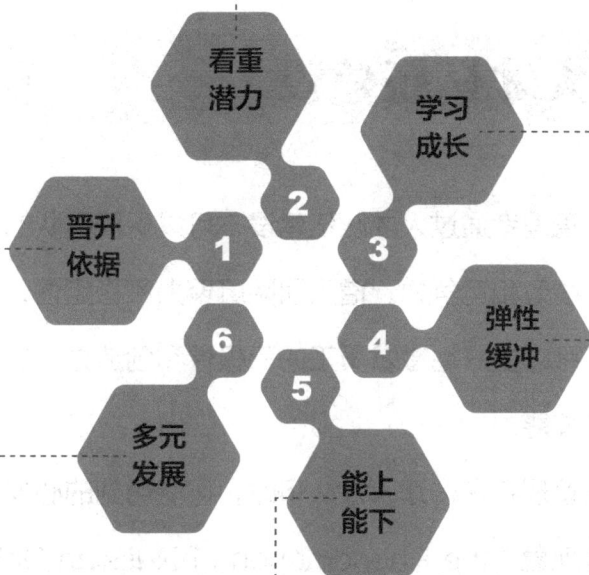

看重潜力

学习成长

晋升依据

2

1

3

弹性缓冲

6

4

5

多元发展

能上能下

职业发展的路径不止晋升一条。给优秀人才提供更丰富的职业选择和更多元的职业发展方向。

员工晋升后若无法胜任职位，可以视情况将其降级或调岗，挖掘其潜力，找到每个员工最适合的角色。

员工晋升后，在一定的适应期或考察期内，观察员工在新职位上的表现，并客观评价表现。

● 小贴士 ●

奖励优秀人才的方式有很多，晋升只是其中的一种。不是每个表现优秀的人才都需要晋升到更高的职位。设计合理的晋升制度，能够实现各司其职、各尽其责。

7.2 人才队伍建设

团队管理者通过人才队伍建设，可以保障团队的持续发展、提高团队绩效和竞争力、增强团队凝聚力和稳定性，以及应对人才流失；可以更好地激发员工的积极性和创造力，提高员工的职业素养和技能。

团队管理者在构建人才队伍时，可能用到的心理效应包括俄罗斯套娃现象（the Phenomenon of Russian Dolls）、安泰效应（Aetna Effect）和鲶鱼效应（the Catfish Effect）。

7.2.1 俄罗斯套娃现象：为啥一代不如一代

1 我们团队成员的技能水平普遍不高，一级不如一级。

2 这是俄罗斯套娃现象，人们不敢招募那些比自己能力更强的人，因为这样可能让自己被取代。

3 不过这应该是一种正常现象吧？很多团队不都是上级比下级能力强吗？不然上级怎么能做上级呢？

4 这种情况虽然在很多团队中都有，但并不是一种必然现象。很多优秀团队中也有下级比上级能力更强的情况。

5 那为什么不让下级晋升为上级呢？这样下级不会离开吗？

6 可能因为下级还处在考察期；下级经验不足；下级虽技能强，但管理能力尚待提高。总之这只是暂时的。

● 问题拆解 ●

　　一个组织全部成员的能力水平和岗位职级水平完全成正比不一定是好事。这可能说明组织缺乏包容性，容不得下级比上级能力更强，上级也不具备管理比自己能力更强的下级的信心和能力。长期这样组织可能难以壮大发展。

● 心理效应 ●

俄罗斯套娃现象（the Phenomenon of Russian Dolls）指的是管理者总是招募那些和自己类似，但知识、能力、经验明显不如自己的人做下属。这样做会导致整个组织从上到下的人才水平逐层降低。

人们出于自身职业安全的考虑，更愿意用比自己差的人，一方面是因为这类下属更容易管理，另一方面是害怕能力强的下属取代自己。

俄罗斯套娃现象比较严重的组织的创新性往往较差，下属较被动，其只能执行上级的指令，组织效能低，组织很难壮大。这类组织中的管理者往往比较忙，因为下属难以帮自己分担工作，管理者很难向下授权，一切责任和重担都压在管理者身上。

● 俄罗斯套娃现象对团队的 4 类影响 ●

团队竞争力弱

团队缺乏创新和创造力，团队竞争力弱，很难与其他团队竞争。而且团队成员的工作成就感较低，从而导致整个团队的士气低落。

降低团队效能

由于团队中人才水平逐层降低，团队的效能也会逐渐降低。在员工难以胜任工作时，管理者需要花费更多的时间和精力来填补空缺。

阻碍团队发展

团队的多元化将受到限制，难以吸引有不同背景和经验的人才加入。团队的发展将受到限制，很难实现团队长期发展的目标。

上级忙碌不堪

下属难以承担工作，不仅影响工作成果，而且影响团队协作。管理者需要花费更多时间来处理工作任务，从而变得忙碌不堪。

避免俄罗斯套娃现象的 4 个关键

招人的权限不能完全交给某招聘职位的上级，面试时也不能只让该职位的上级做判断，要让更多决策人员参与到人才招聘中。

招聘人才时尽力选拔贤能之士，以能力论人才。在其他条件满足要求的前提下，选择能力最强的人才。

管控权限

任人唯贤

人才队伍

晋升规则

给所有关键职位安排继任者，并刻意培养继任者能力，形成人才队伍。主动淘汰不胜任职位者，由继任者继任。

制定"能者上，庸者让"的晋升规则，能力不达标的人不能晋升；绩效高、态度好、能力强的人才可晋升。

● 小贴士 ●

避免俄罗斯套娃现象要从招聘与选拔的环节开始，要避免在招聘和选拔过程中受到俄罗斯套娃现象的影响。招聘时要客观评价应聘者的能力，尽量选拔有能力、有创新精神和有进取心的人才。这样团队才能保持活力和创造力。

7.2.2 安泰效应：将人才与团队绑定

1 培养员工的能力太重要了，我要花重金把团队打造成员工的学习平台。

2 员工的个人能力固然重要，但团队的组织能力更重要，比起培养员工的个人能力，建议你多提升组织能力。

3 我花重金培养员工是为了提升员工能力，这不也是在提升组织能力吗？

4 员工能力变强后，欲望可能会变大，如果团队无法达到员工预期，员工可能会离职，那前面的投入不都白费了吗？

5 确实，员工若在团队中得不到成长可能会选择离开，如果成长后能力太强同样可能会离开，我该怎么办呢？

6 可以运用安泰效应，让团队成员在团队中可以发挥能力，离开团队后将变得无所适从。

● 问题拆解 ●

俗话说，"铁打的营盘，流水的兵"，团队不可能永远留住某个员工。如果团队过分依靠员工的个人能力，员工离开必然会对团队造成较大的负面影响，组织能力却是集体的，可以不依靠团队中的某个人而存在。

● 心理效应 ●

安泰效应（Aetna Effect）源于古希腊神话中的大力神安泰俄斯，他是海洋之神波塞冬与大地之神盖娅的儿子。安泰俄斯力大无穷，所向披靡，但他有个致命的弱点，就是双脚一旦离开大地，就会因失去母亲盖娅的滋养和庇护而失去力量。他的对手知道这个秘密后，通过将其举到空中杀死了他。

虽然团队可以靠高回报和组织凝聚力留住人才，但人才市场中可能存在各种各样的诱惑，人才可能在提升能力或积累经验后选择离开团队。团队管理者虽然无法阻止人才离开，但为了防止人才离开对团队业务造成影响，可以在平时加强建设团队的组织能力。

安泰效应可以与共生效应一起应用。

安泰效应的 4 种应用

强化团队建设

团队管理者要把工作重点放在组织能力提升和团队精神文化建设上。

拆分流程

团队管理者可以拆分团队中与业务核心相关的流程，让每个团队成员只负责流程中的一部分。

保护商业秘密

团队管理者要注意保护团队的核心商业秘密，包括技术秘密、工艺秘密、配方秘密等。商业秘密可以拆分管理。

把控核心资源

团队管理者可以将团队的核心资源掌握在自己手中，让离开的团队成员无法发挥其原本的价值。

基于安泰效应
团队管理者的 4 点注意事项

应用安泰效应时，要注意平衡员工的需求和团队的需求，避免过度依赖某些员工，导致其他员工的不满和团队的不稳定。

注重团队文化建设，让员工认同团队的价值观和接受使命，使员工对团队产生归属感。在团队中营造积极向上的氛围，让员工在团队中获得成长和发展。

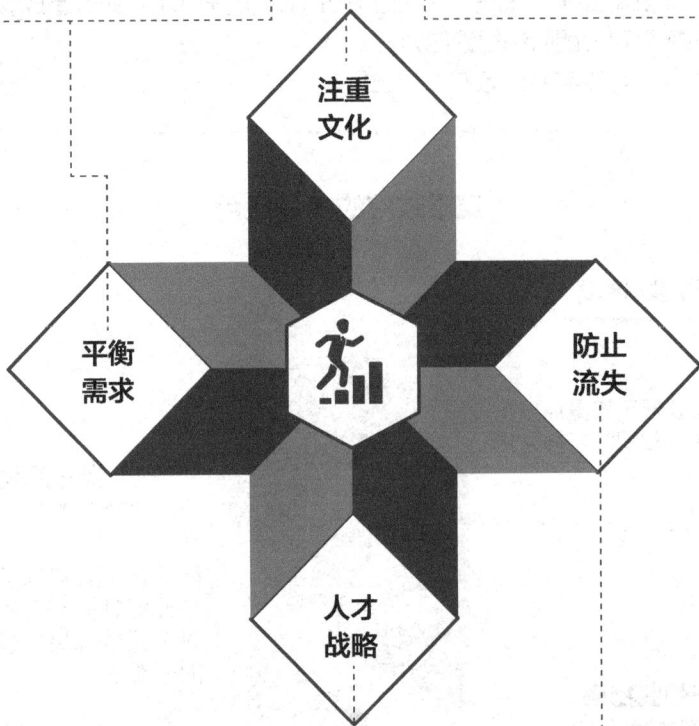

注重
文化

平衡
需求

防止
流失

人才
战略

确保团队拥有合适的人才储备。通过梯队培养、轮岗等方式，培养员工的综合能力，给团队发展提供人才支持。

关注员工离职的风险，及时调整激励措施和团队策略，避免人才流失给团队带来的负面影响。

7.2.3 鲇鱼效应：激发团队活力

1 我发现新组建的团队普遍比老团队更有朝气和活力，也更有创新意识，这是我的错觉吗？

2 也许不是，老团队或老员工工作一段时间后确实容易产生倦怠感或惰性。

3 为什么会这样呢？

4 因为老团队或老员工也许在前期经历过波折，但一切风平浪静后，就可能会变得没有冲劲儿了。

5 新团队成立一段时间后也免不了会这样，该如何应对这种情况呢？

6 可以用鲇鱼效应激活团队，刻意引入一些朝气蓬勃的新员工，让团队充满活力。

• 问题拆解 •

"生于忧患，死于安乐"，组织面对困难和挑战时，员工可能会拥有比较强的活力；但当组织达到比较稳定的状态时，员工的工作积极性可能会降低，出现惰性和不思进取的现象。

● 心理效应 ●

鲶鱼效应（the Catfish Effect）来自一个误传。故事大致如下。挪威人爱吃沙丁鱼。活的沙丁鱼比死的沙丁鱼的价格高，但很多沙丁鱼在运输过程中会因窒息而死。为了保证沙丁鱼鲜活，有人在装沙丁鱼的鱼槽中加入几条吃沙丁鱼的鲶鱼。这样沙丁鱼会动起来，躲避鲶鱼的追捕，最终多数沙丁鱼到岸后还是鲜活的。

实际上，活的沙丁鱼在水槽中静止时能存活很长时间，剧烈运动会加剧水中的氧气消耗，加入鲶鱼反而会缩短沙丁鱼的存活时间。另外，沙丁鱼生活在海里，而大部分鲶鱼生活在淡水里，就算是能生活在海里的咸水鲶鱼，也不存在于挪威。鲶鱼效应的故事虽是误传，但鲶鱼效应在企业管理和团队管理中却常被提及和应用。很多团队通过鲶鱼效应刺激团队成员，驱动团队成员成长，激发团队成员活力，切实取得了成果。

鲶鱼效应的 4 种应用

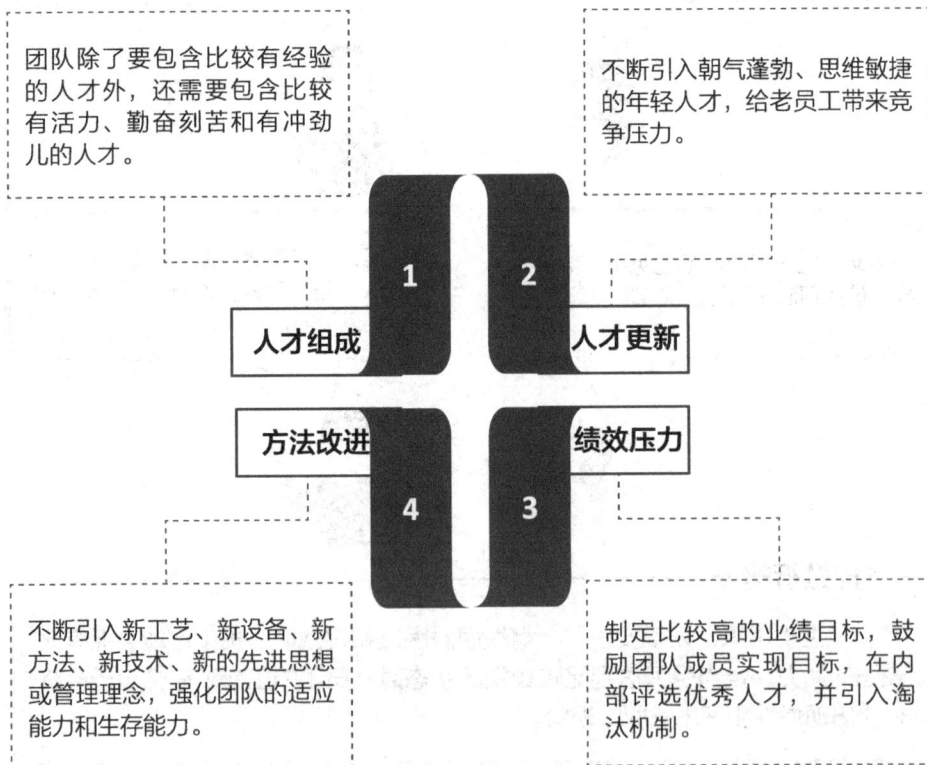

团队除了要包含比较有经验的人才外，还需要包含比较有活力、勤奋刻苦和有冲劲儿的人才。

不断引入朝气蓬勃、思维敏捷的年轻人才，给老员工带来竞争压力。

1 人才组成

2 人才更新

方法改进 **4**

绩效压力 **3**

不断引入新工艺、新设备、新方法、新技术、新的先进思想或管理理念，强化团队的适应能力和生存能力。

制定比较高的业绩目标，鼓励团队成员实现目标，在内部评选优秀人才，并引入淘汰机制。

应用鲶鱼效应的 4 点注意事项

招募新人

定期引入具有新思维和新技能的人才，给团队带来活力，让团队成员保持警觉，不断提升自己的能力。

正面榜样

管理者可以在团队中树立正面榜样，引导团队成员的行为，激发团队成员的工作热情和增强其主动性，提升团队执行力。

激励机制

设置适当的激励机制，让团队成员保持积极的工作态度，追求卓越的工作成果。激励机制可以包括晋升机会、奖金、表彰等。

竞争氛围

在团队中适当营造竞争氛围，让团队成员在良性竞争中提升自己的能力和绩效。不过要注意避免过度竞争导致团队成员之间关系紧张。

小贴士

在强调鲶鱼效应的竞争性的同时，管理者也要注重团队合作，鼓励团队成员之间相互协作、相互支持；明确各成员的职责和任务，营造良好的沟通氛围，防止因应用鲶鱼效应造成团队内部人际关系紧张。

7.3 组织能力提升

提升组织能力可以帮助团队管理者有效地安排任务、分配资源、协调工作，确保任务顺利完成；可以帮助团队管理者建立高效的工作流程和规范，提高团队的工作效率和产出；可以减少团队管理者的工作量。

团队管理者在提升组织能力时，可能用到的心理效应包括帕金森定律（Parkinson's Law）、奥卡姆剃刀定律（Occam's Razor Law）和墨菲定律（Murphy's Law）。

7.3.1 帕金森定律：避免机构臃肿

1 都说小团队比大团队有优势，那我就先组建小团队，等团队慢慢发展壮大。

2 在团队发展壮大的过程中，我们也要做必要的干预，不然可能会出现机构臃肿，运转效率低下，团队内充斥着庸才的情况。

3 有人说给团队管理者足够的权力，让团队"自然生长"。

4 权力要关在笼子里，尤其是团队管理者选人和用人的权力，不然团队很可能会"野蛮生长"，变得一发不可收拾。

5 为什么？这是什么原理？

6 这是著名的帕金森定律。很多团队的实际工作量和成员数量之间并不存在联系，减少一部分成员，组织效率反而提高。

● 问题拆解 ●

组织机构的扩大和人员的增加有时候不是为了满足实际工作需要，而是为了满足各级管理者的自身需要。如果放任组织内各级管理者根据个人意愿来选人和用人，很可能会降低组织效能。

● 心理效应 ●

帕金森定律（Parkinson's Law）是由英国著名历史学家、哈佛大学教授西里尔·诺思科特·帕金森（Cyril Northcote Parkinson）提出的，也叫大企业病或组织麻痹病、金字塔上升现象。

帕金森发现，很多组织会随着发展不断膨胀，逐渐变得人浮于事，虽然每个人看起来都很忙，但组织效能非常低下。

帕金森说，一个不称职的管理者，最可能做的不是让贤举能，也不是找一个比自己能力更强的人协助自己，而是找两个能力比自己差的人来分担自己的工作。这样既有下属帮自己完成工作，又不会影响到自己的地位。长此以往，组织不仅变得机构臃肿，而且效率会降低。

优秀的团队管理者应该更注重团队效率和人才发展，而不是盲目扩大团队规模。

● 帕金森定律可能对组织产生的 4 类影响 ●

随着时间推移，组织规模不断扩大，组织结构变得过于复杂，组织难以管理。就算调整组织机构，也只能暂时缓解问题，无法根治。

随着组织规模的不断扩大，组织的结构会呈现出金字塔形状，导致高层管理者远离基层员工，对实际情况的了解越来越不充分。

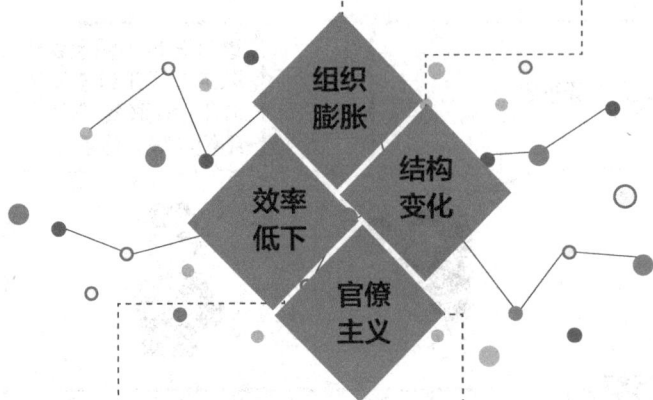

组织膨胀

结构变化

效率低下

官僚主义

由于组织膨胀和管理者的不称职，组织中的人才往往被闲置或被浪费，组织的工作效率往往非常低下，导致组织难以达成其目标。

组织的不断膨胀可能会导致官僚主义盛行，由于组织中规章制度的过度使用，组织变得僵化，缺乏创新。

避免帕金森定律的 4 个关键

组织设计

在设计组织的时候，要考虑组织的目标、实际需要、职务分工等，在组织建立之初就把组织的设立、变更、资源、权限等规则制定好，从一开始就避免帕金森定律。

控制规模

规模较大的组织的复杂程度较高，管理层级也较多。组织可以从顶层控制机构的规模，因事设岗，精简机构，规范或限制团队管理者选人、用人的权力。

导向价值

将大组织平台化，平台内的每个小组织项目化或市场化，要自负盈亏，最终的工作结果要导向价值。同时引入外部竞争，紧盯真实市场，居安思危。

定期复盘

定期复盘组织的人均劳动效率（某段时期业绩 ÷ 该段时期创造该业绩的人数）和人工费用率（某段时期人工费用额 ÷ 该段时期业绩），用这 2 项指标作为评判团队效能的依据。

小贴士

产生帕金森定律的原因之一是团队效能与团队管理者的个人利益不挂钩或较少挂钩。这导致团队管理者不关注团队整体的效益和效率，更关注由团队规模变化带来的个人利益得失。把团队管理者的个人利益和团队的整体利益挂钩，有助于避免帕金森定律。

7.3.2　奥卡姆剃刀定律：简单的，往往是有效的

1　以前我们的工作流程很简单，运营效率很高，现在工作流程越来越复杂，决策效率也越来越低了。

2　是不是因为团队规模扩大了，人越来越多，为了规范管理，才变成如今的局面？

3　您说得太对了！以前不需要开会就能解决问题，后来要开会解决问题，再后来开好几个会也解决不了问题。

4　也许你可以尝试做减法，盘点当前的工作流程，把没有必要存在的流程全部去掉。

5　这样会不会影响正常工作呢？

6　缩减得当的话，不仅不会影响工作，反而能提高工作效率。奥卡姆剃刀定律告诉我们：越简单的，往往是越有效的。

● 问题拆解 ●

俗话说，"少即是多"。复杂的事务容易让人混乱，简单的事情更有利于被人们接受、理解和落实。因此，如果没有必要，不要对事情做加法，相反，可以尽可能尝试做减法。

心理效应

奥卡姆剃刀定律（Occam's Razor Law）是由 14 世纪英格兰奥卡姆地区圣方济各会的一位名叫威廉·奥卡姆（William Occam）的修士提出来的。

威廉对当时关于"本质""共相"等问题的争吵感到厌烦，于是著书立说，主张只承认那些确实存在的东西，认为那些空洞的事物是累赘，应当剔除。

他还主张简化思维，提出了"如无必要、勿增实体"的概念，后来人们将这种概念称为"奥卡姆剃刀定律"。

奥卡姆剃刀定律促进了科学和哲学从宗教中分离，加速了无神论的发展，引发了欧洲的文艺复兴和科学革命，也影响现代的企业管理。

随着组织的扩张和膨胀，组织内的事务越来越多，流程或制度越来越烦琐，但运转效率反而越来越低。使用奥卡姆剃刀定律把复杂的事务变简单，能让组织的运转效率提升。

奥卡姆剃刀定律的 4 种应用

越简单的策略越容易被员工理解，执行过程中各环节出问题的可能性越小，策略的稳定性越高。

1 简化策略

业务流程和步骤越简单越好，把复杂的事情变简单，把简单的事情变得不需要思考。

2 简化流程

4 简化判断

越直接的判断往往越正确。例如员工没有做好某事，能解释为不小心的，就不要解释为无知、愚蠢或恶意。

3 简化组织

对规模较大、运转效率低的组织实施精兵简政往往能改变局面，对将要成立的组织进行最小规模的设置往往能使组织效率更高。

应用奥卡姆剃刀定律的 4 点注意事项

不是所有的事情都适用奥卡姆剃刀定律。在处理某些事情时，可能需要考虑其他的因素，比如法律法规、文化传统等，这时候就不能简单地应用奥卡姆剃刀定律。

简化≠简单。简化是为了减少不必要的假设和工作量，但不是为了简单化，简化后的东西还是应能解决实际问题的，而不是一味地追求简单。

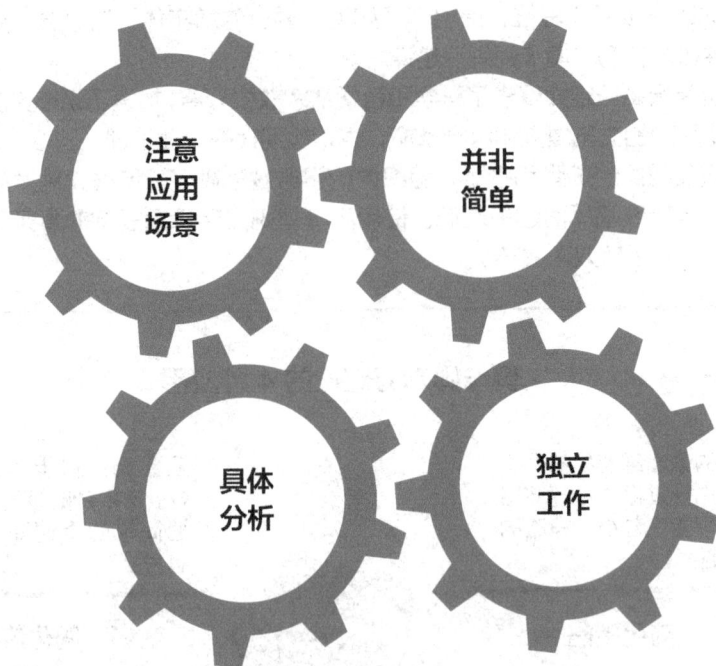

注意
应用
场景

并非
简单

具体
分析

独立
工作

团队不同、情境不同、问题不同，需要考虑的因素也不同，需要具体情况具体分析，不能一刀切地应用奥卡姆剃刀定律。

在培养团队成员的能力时，应注重培养其独当一面的能力，让他们能够独立思考和解决问题，以减少其对团队的依赖，提高团队的整体素质和竞争力。

• 小贴士 •

团队管理者在处理团队事务时，可以提倡简约思维，把简约作为一种团队工作文化。避免工作任务过度复杂或过度分工的情况，以减轻和减少团队成员的负担和工作量，提高团队的工作效率和质量。

7.3.3　墨菲定律：避免风险

① 最近我们团队的项目进度总是比预期慢，我很担心这样下去我们将无法按时完成任务。

② 你既然已经想到了任务可能无法按时完成，就很可能真的无法按时完成。

③ 你这么说好悲观，不过好像也确实如此，之前我只要觉得任务不能按时完成，最后任务也都没按时完成。

④ 这叫墨菲定律，如果事情有变坏的可能，不管这种可能性有多低，它总会发生。你们在项目筹划和安排上是否考虑到了这一点？

⑤ 确实没有特别关注这一点。那么如何应对墨菲定律呢？

⑥ 关键是要预测可能出现的问题，制定相应的应对策略，并确保团队成员充分了解和执行。这样可以降低问题发生的概率，提高项目的成功率。

● 问题拆解 ●

　　有的时候不是人们不能够预测问题，而是明知道有问题，却视而不见，希望问题不要发生。然而问题并不会因为人们的主观忽视而消失。与其逃避问题，不如直面问题。

● **心理效应** ●

墨菲定律（Murphy's Law）也叫墨菲法则或墨菲定理，是由美国工程师爱德华·墨菲（Edward Murphy）在 1949 年提出的。

墨菲定律最早源自墨菲对一个运气不好的同事开的一句玩笑，墨菲说："如果一件事可能出现糟糕的情况，让他（这个同事）去做就一定会变糟糕。"后来，墨菲定律演变成：凡是可能会出问题的事，问题迟早会发生。

墨菲定律提醒我们在工作筹划与安排中要注意预防潜在的问题。在团队管理中，墨菲定律主要体现在 3 个方面：①任务执行过程中可能出现的问题；②时间安排上的延误；③资源分配和调度方面的困难。

要应对墨菲定律，团队管理者需要预测可能出现的问题，制定相应的应对策略，确保团队成员充分了解和执行。

应对墨菲定律的 4 个关键

团队管理者要对可能出现的问题进行预测，确保有充足的时间和有效的方法应对可能出现的问题。

团队管理者要为预测到的问题制定相应的应对策略，降低问题发生的概率。

预测问题

应对策略

时间管理

资源储备

团队管理者要合理安排团队的工作进度或完成工作任务的时间，预留一定的缓冲时间。

团队管理者要确保有足够的资源储备，以应对可能出现的问题。

基于墨菲定律
团队管理者的 4 点注意事项

鼓励团队成员积极提出可能存在的问题，定期组织内部检查和工作复盘。保持团队内部沟通顺畅，以便及时发现并解决问题。

培养团队成员的风险意识，定期组织风险相关培训，让团队成员养成良好的应对风险的习惯，让团队成员在工作中时刻保持警惕。

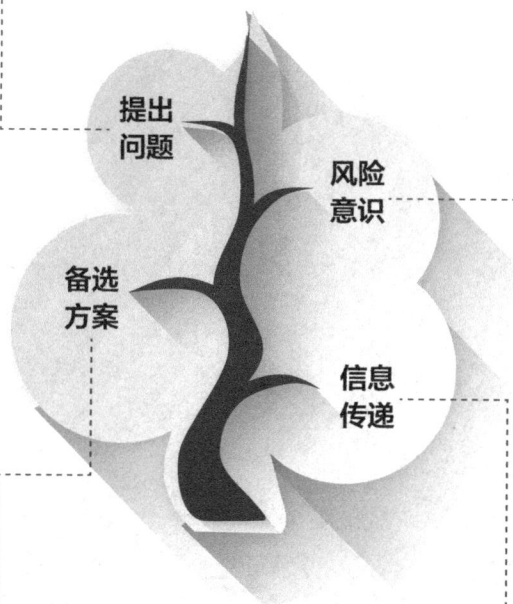

提出问题

风险意识

备选方案

信息传递

任务执行过程中及时总结经验和教训，持续改进应对策略。定期组织团队成员参与问题预测和应对策略制定的培训，提高团队整体素质。

搭建有效的信息传递渠道，提升团队成员之间的默契度和协作能力，确保团队成员能够及时获得关于项目进度和潜在问题的信息。

小贴士

墨菲定律提醒我们在工作筹划与安排中注意预防潜在的问题，降低问题发生的概率。通过了解墨菲定律，团队管理者可以更好地预测和应对问题，提高工作任务的完成率。团队管理者可以通过不断总结经验教训，持续改进方法，使团队在面对问题时更加从容和高效。